공감과 체험

공감과 체험

김 영 란 著

한국학술정보㈜

책머리에

내가 상담에 입문하여 상담에 대해 어느 정도 실제 경험을 한 후, 상담에서 가장 중요한 상담자 요인은 무엇일까? 하는 의문을 내 스스로에게 던진 적이 있다. 그 때 내 안에 떠오른 대답은 바로 공감이었다. 상담자의 공감을 통하여 내담자는 변화하고 성장하고 치유될 수 있다. 그러면 내담자 편에서 보면 내담자가 변화하기 위해 가장 중요한 것은 무엇일까? 하는 질문을 역시 던지게 되었다. 그 동안 배운 이론과 내가 한 상담 경험을 바탕으로 내담자가 변화하고 성장하기 위해서 가장 중요한 것은 바로 체험이라는 답을 얻게 되었다.

상담자의 공감, 내담자의 체험 이 두 가지 중요한 변수를 가지고 나는 박사학위 논문을 써 보리라는 마음을 먹게 되었다. 그 결심은 변하지 않고 나의 박사학위 논문 주제가 되었고, 그 결과 「상담단계별 상담자 공감과 내담자 체험 및 상담성과와의 관계」라는 논문이 탄생하였다. 이 박사학위논문을 한국학술정보(주)로부터 책으로 엮어준다는 제안을 받아 단행본으로 출간하게 되었다.

내가 논문을 쓰던 당시만 하여도 상담자의 공감이라는 주제는 좀 낡은 주제에 해당하는 것으로 여겨졌다. 심사 시에 어느 심사위원 한 분께서 이미 오래 전에 얘기되던 주제를 굳이 박사학위논문으로 하느냐는 질문을 하기도 하였다. 그러나 나의 입장에서는 이론적으로든 경험적으로든 공감의 중요성을 인식하고 있었으므로 실증적인 연구를 통하여 이를 검증해 보고 싶었다. 또한 내가 원하는 주제로 논문을 써야 논문을 써 나가면서 부딪히는 어려움도 버텨낼 수 있으리라 생각하였다.

이 주제를 잡을 당시만 하더라도 마치 이미 Rogers가 1950년대에 한 얘기를 새삼 끄집어내서 구태의연하게 하는 것처럼 보이기도 하였지만,

내가 상담에서 중요하다고 생각한 공감이 지금은 다시 부활하여 빛을 보고 있다. 한 동안 빛을 발하던 공감이 어느새 퇴색하여 빛을 잃어 가는가 싶더니 자기심리학의 창시자인 Kohut에 의해 공감은 다시 빛을 되찾았다. Kohut은 임상 실제를 통하여 자기애적 환자들에게 공감이 무엇보다도 중요함을 발견하였다. 마치 인간이 살아 숨쉬는 한 산소가 필요하듯이 공감 역시 인간이 살아있는 한 필요한 것이다.

상담 실제에서 이렇게 공감의 중요성이 강조됨에도 불구하고 공감의 효과를 검증한 연구는 우리나라에서 그리 많지 않다. 양적으로 공감에 관한 연구가 늘고 있다고 하더라도 실제 개인상담 장면에서 공감의 효율성을 검증한 연구는 흔치 않다. 이에는 여러 가지 이유가 있을 것이다. 실제 상담 장면에서 공감을 측정하기 위한 적절한 도구의 부족, 반복 측정 시 상담에 미칠 영향 때문에 측정이 제대로 이루어지기 어려운 점 등이 현실적으로 존재한다. 연구의 현실적인 여건의 어려움에도 불구하고 상담 실제에서 공감의 효과, 공감의 본질 및 구인 등을 밝히는 연구들이 앞으로 계속 이루어져야 할 것이다.

끝으로 애정을 가지고 있던 주제를 학위논문으로 작성할 수 있었던 것에 감사하고, 지금도 여전히 애정 있는 주제이며, 이 학위논문을 단행본으로 엮어 세상에 빛을 보게 해 준 한국학술정보(주)에 감사드린다.

머리말을 맺으려는 지금 상담자로서의 길을 가는데 있어서 나의 스승이신 이동식 선생님의 말씀이 귓가에 쟁쟁 울린다.

"환자는 치료자의 공감적 응답을 통하여 치료 된다"

2006년 10월
독산동 연구실에서 김영란

차 례

그림 및 표 차례

제1장 서 론

1.1 연구의 필요성 및 목적

상담은 도움을 필요로 하는 사람(내담자)이 전문적인 훈련을 받은 사람(상담자)과의 대면 관계에서 생활 과제의 해결과 사고·행동 및 감정 측면의 인간적 성장을 위해 노력하는 학습 과정이다(이장호, 1995). 즉 상담과 심리치료가 추구하는 목표는 내담자의 문제 해결 및 바람직한 방향으로의 변화와 성장이며, 내담자의 이러한 변화와 성장은 전문적인 훈련을 받은 상담자의 개입(intervention)을 통하여 이루어진다.

효과적인 상담은 수용적인 관계에서 내담자가 자기 자신을 이해하고 새로운 방향으로 적극적으로 나갈 수 있도록 돕는 것이다(Rogers, 1942). 상담과 심리치료에 관한 초기 연구들은 주로 상담과 심리치료의 효과를 밝히는 데 초점을 두어왔다. 그러나 1952년 Eysenck가 과연 전문적인 상담과 심리치료가 실제로 효과가 있는지에 대한 질문에 응답하기 위하여 그 당시까지 이루어진 상담과 심리치료의 효과에 관한 여러 연구들을 종합 검토한 결과, 심리치료가 신경증 환자들의 회복을 촉진시킨다는 것을 증명하는 데 실패하였다는 결론을 내렸다. 이후 상담과 심리치료의 효과에 대한 문제는 상담과 심리치료 연구자들에게 주요한 문제가 되어 왔다.

상담과 심리치료는 내담자가 자신에 대한 새로운 측면들을 자각하도록 돕고, 부정적인 자아 개념을 긍정적인 자아 개념으로 변화하도록, 즉 건설적으로 성격이 변화(constructive personality change)하도록 돕는다. 이러한 자아 개념의 변화와 성격 변화는 결국 행동이 변화하는 결과를 낳는다(Rogers, 1961, 1980). 즉, 상담과 심리치료 후에 내담자는 이전보다 좀 더 자기 자신을 내적으로 신뢰하게 되고, 더 잘 이해하게 되며 내적으로 편안함을 느끼게 된다. 또한 다른 사람과 좀 더 편안하게 관계할 수 있게 되며, 정서적으로는 이전보다 죄책감, 분노, 충동성, 그리고 불안을 덜 느끼게 된다. 다른 사람에게 자신을 좀 더 편안하게 개방할 수 있게 된다(Rogers, 1980). 이러한 변화는 상담과 심리치료 과정에서 내담자가 자신에게 몰입하여 과거에 미해결 되었던 경험들을 상담 장면에서 다시 체험하여 자신에게 통합시킴으로써 이루어진다. 이러한 과정은 상담과 심리치료에 관한 여러 가지 이론적 접근에 공통적이고 보편적으로 존재하는 치료적 과정이다.

Rogers(1961)는 상담과 심리치료 과정의 7단계를 제시하였다. Rogers는 Gendlin(1962, 1964)의 체험의 이론(theory of experiencing)을 자신의 이론에 도입하여 심리치료 과정 단계를 공식화하였다. 1단계에서 7단계에 이르는 과정은 내담자가 감정을 표현하고 체험하는(experiencing) 정도에 따라 연속선을 이루고 있으며, 치료가 성공적일수록 과정 단계는 낮은 단계에서 높은 단계로 이동해 간다. 각 단계의 특징을 간략히 서술하면 다음과 같다. 1단계에서는 내담자가 자신과 관계없는 외부 사건이나 추상적인 생각을 얘기하며, 상담자와의 상호작용에 별 관심을 보이지 않는다. 2단계에서는 개인적으로 관련된 사건, 생각, 그리고 행동 등에 대하여 지적, 상황적으로 설명한다. 3단계에서는 외부 사건이나 행동에 대하여 제한적으로 감정을 표현한다. 4단계에서는 주관적인 사적 체험이나 감정에 초점을 두고 이를 표현하지만 내적 체험들 간의 관계를 상호 연결시키지 못한다. 5단계에서는 자신의 감정과 내적 체험의 불명료성에 대해 의문을 나타내며, 이를 자발적으로 탐색한다. 6단계에서는 내적 체험에 대한 직접적이고 즉시적인 새로운 자각이 오며, 문제가 해결되고 자신을 수용하게 된다. 7단계에서는 순간순간의 감정과 내적 체험에 대한 자각이 견고해지며, 이러한 자각이나 해결책을 서로 관련시키고 통합시킴으로써 자신을 확장, 발전시켜 나간다. 즉, 성공적인 상담이나 심리치료에서는 상담단계(초기, 중기, 말기)가 진행됨에 따라 내담자의 체험수준이 깊어진다. 이러한 체험의 과정을 측정하기 위하여 개발된 척도가 체험 척도(The Experiencing Scale)이다. 이 척도는 내담자 관여(involvement)의 질적 특성을 파악하기 위해 Gendlin의 체험 이론과 Rogers의 내담자 중심이론을 바탕으로 개발된 척도이다(Klein, Mathieu, & Kiesler, 1986). 이러한 체험의 질적 변화 과정은 결국 내담자의 자아 개념과 성격에 변화를 일으킨다. 심리적인 조력을 찾는 대부분의 내담자들은 단계 3에 머물러 있으며, 실제 상담과 심리치료를 구성하는 과정 단계는 단계 4와 5이다. 이러한 내담자의 질적 체험 변화 과정은 모든 형태의 상담과 심리치료 과정에서 매우 공통적으로 나타나는 현상이다(Rogers, 1961). 따라서 체험 척도는 개인 상담 및 심리치료에서 뿐만 아니라 독백, 구조화된 면접, 집단치료, 그리고 게슈탈트(Gestalt)의 두 의자 기법 등과 같은 다양한 상호작용 형식에 적용되어 왔다. 또한 내담자중심접근 외에도 정신분석적, 역동적, 게슈탈트, 그리고 인지적 접근 등과 같은 다른 이론적 입장을 지닌 치료들에도 널리 적용되어 왔다(Klien, Mathieu, & Kiesler, 1986).

Rogers(1961)는 치료자의 공감반응이 내담자의 체험 과정을 흐르게 한다고 말한다. 공감적인 치료자는 내담자와의 상호작용에서 어떤 주어진 특수한 순간에 내담자가 경험하고 있는 것의 '느껴진 의미(felt meaning)'를 민감하게 파악하여 반응한다(Rogers, 1961). 치료자의 민감한 공감반응은 내담자가 현재 경험하고 있는 것의 의미에 초점을 맞추도록 하고, 현재 경험이 방해받지 않고 충분히 더 깊게 체험될 수 있도록, 그리고 경험이 진행되도록 돕는다. 즉 상담과 심리치료에서 상담자의 공감은 내담자의 경험이 끊임없이 흐르도록 하고(Marcia, 1987), 내담자의 경험이 자기 길을 가도록 허용한다(Warner, 1997). 이를 Vanaerschot(1997)는 공감의 과정 - 증진 효과(a process-enhancing effect)라 하였다.

상담과 심리치료에서 지금까지 이루어진 공감 연구들에 대해 일반적으로 내려지는 한 가지 결론은 상담자의 공감이 내담자의 성격 변화를 가져온다는 것이다. 그러나 Bohart와 Greenberg(1997)는 이러한 결론은 공감의 본질이 무엇인지를 말해주기에는 너무 모호하다고 주장한다. 공감의 본질을 밝히기 위해서는 좀 더 맥락적으로 민감한 방법을 동원하여 연구할 필요성을 역설한다. 예를 들면, 어떤 종류의 공감이 어떤 유형의 효과를 갖는가 하는 것이다. 또한 최근에는 공감을 단일한 하나의 구인이 아닌 복합 구인으로 보려는 입장이 대두되고 있다(Hargrove, 1974; Cochrane, 1974; Elliott 등, 1982).

따라서 본 연구에서도 공감을 단일 차원이 아닌 여러 가지 차원을 가진 것으로 본다. 이러한 입장을 본 연구에서 택한 것은 상담단계에 따라 상담성과와 관련이 있는 공감 요소가 있는지 알아보기 위함이다. 만약 상담단계에 따라 상담성과에 미치는 상담자의 공감 요소가 있다면, 이는 상담 실제에 많은 도움을 줄 것으로 사료된다.

그러므로 본 연구의 목적은 상담과 심리치료 과정에서 Rogers가 이론화한 체험수준 7단계가 상담자의 공감반응을 통하여 일어나는지, Rogers의 이론이 문화적인 차이를 넘어서 우리 문화에서의 사례에도 적용될 수 있는지를 실제 상담 사례를 통하여 확인해 보고자 하는 것이다. 즉 상담자의 공감반응이 내담자의 체험수준을 깊게 하는지, 상담성과와 관련이 있는지를 알아보고자 하는 것이다. 이를 위하여 성공 사례 한 사례(사례 A)와 비성공사례 한 사례(사례 B)를 집중 분석한다. 사례 A의 경우, 상담자의 공감반응이 회기가 진행될수록 내담자의 긍정적인 변화의 한 지표인 체험수준을 깊게 하고 상담성과와 관련이 있는지를 알아본다. 또한 사례 B의 경우에도 이러한 과정들이 어떻게 진행되는지를 알아본다. 그러므로 이 연구는 내담자의 건설적인 성격 변화와 긍정적인 자아 개념에로의 변화를 궁극적인 목표로 하는 상담과 심리치료에서, 내담자의 체험수준을 깊게 하고 효과적인 상담이 되게 하는 데 있어서, 상담자의 공감이 어떻게 작용하는지를 밝혀줌으로써 상담자에게 실질적인 유용한 정보를 제공해 줄 것이다. 또한 내담자의 체험수준을 깊게 하는 데 기여하는 공감 요소가 있다면, 이는 공감의 본질을 밝히는 데 공헌할 것이다. 특히 치료자의 개입 변인인 공감 연구는 상담자와 내담자 간의 치료적 관계에서 치료자가 어떤 공헌을 하는지에 관한 지식을 확장시켜 주기 때문에 매우 필요하고도 중요하다.

1.2 연구 문제와 연구 내용

본 연구의 목적은 상담단계에 따른 상담자의 공감적 개입이 내담자의 체험수준을 깊게 하는지, 상담성과와 관련이 있는지, 그리고 체험수준의 질적 변화가 상담성과와 관련이 있는지를 실제 상담 사례를 통하여 확인해 보고자 하는 것이다. 이러한 연구의 목적을 달성하기 위하여 본 연구가 목표로 하는 바를 좀 더 구체적으로 제시하면 다음과 같다.

첫째, 상담자의 공감반응이 상담단계와 전회기에 걸쳐 어떤 추세를 보이는지를 알아본다.

둘째, 내담자의 체험수준이 상담단계와 전회기에 걸쳐 어떤 추세를 보이는지를 알아본다.

셋째, 회기성과가 상담단계와 전회기에 걸쳐 어떤 추세를 보이는지를 알아본다.

넷째, 상담자의 공감반응과 즉시적 성과인 내담자 체험수준 간의 관계를 알아본다.

다섯째, 상담자의 공감반응과 중간성과인 회기성과 간의 관계를 알아본다.

여섯째, 즉시적 성과인 내담자의 체험수준과 중간성과인 회기성과 간의 관계를 알아본다.

일곱째, 공감과 체험수준 간의 관계, 그리고 회기성과가 회기 내에서 어떤 패턴을 보이는지를 알아본다.

위에 제시한 연구 목적 및 목표를 달성하기 위하여 상담의 최종 성과에 비추어 선정한 성공사례 한 사례(사례 A)와 비성공사례 한 사례(사례 B)를 집중 분석한다.

위와 같은 연구 목적 및 목표를 달성하기 위하여 본 연구에서 다루고자 하는 내용은 다음과 같다.

첫째, 제2장 이론적 배경에서는 공감의 의미, 공감의 치료적 역할, 공감에 대한 인간중심적 접근, 그리고 체험(experiencing) 수준의 변화과정을 다루고, 이와 관련된 선행 연구들을 개관한다.

둘째, 제3장에서는 연구방법 및 절차를 제시한다.

셋째, 제4장에서는 연구 결과를 제시한다.

넷째, 제5장에서는 본 연구 결과에 대하여 논의한다.

다섯째, 제6장에서는 본 연구에 대한 요약, 결론을 제시하며 후속연구를 위한 제언을 한다.

1.3 용어의 정의

1.3.1 상담단계

종결된 사례에서 상담은 초기, 중기, 그리고 말기 단계로 구별된다. 상담의 초기 단계는 상담자가 내담자와 관계를 형성하며, 내담자에 대한 기초 자료를 수집하는 단계이다. 상담 중기는 상담 초기에 상담자와 내담자 간에 형성된 관계를 기초로 하여 내담자의 문제를 해결해 나가는 단계이다. 상담 말기는 지금까지 이루어졌던 상담을 정리하며 내담자가 상담자로부터 독립해 나가도록 준비시키는 단계이다.

본 연구에서는 상담 축어록의 회기 내용에 근거하여 상담단계를 구분하였다. 상담자가 내담자에 대한 기초 자료를 수집하는 과정이 4회기까지 진행되고, 본 상담은 5회기부터 시작하고 있으므로 상담의 초기 단계를 1회기에서 4회기까지로, 중기는 4회기부터 시작되는 것으로 보았다. 그리고 중기와 말기의 구분은 내담자가 상담의 종결 시점을 의식하여 지금까지 자신의 변화된 모습을 보고하던 이전 회기들과 달리 상담자로부터 독립해 나가는 것에 대한 불안을 나타내면서 다시 문제를 호소하는 회기를 기준으로 분류하였다. 이러한 정서가 27회기부터 나타나고 있으므로 중기를 5회기부터 26회기로 하고, 말기는 27회기부터 30회기까지로 각각 정의하였다.

1.3.2 공감반응

내담자로 하여금 자기를 표현하게 하고 내면을 탐색하게 하는 상담자의 모든 개입을 상담자의 공감반응으로 보며, 단일 구인이 아닌 여러 차원을 가진 복합 구인으로 본다. 따라서 본 연구에서는 축어록화 된 상담자의 언어 반응을 다차원적 공감반응 척도(Elliott, 1982)에 근거하여 평정한 점수를 말한다. 상담자의 공감반응은 8개의 차원으로 구성되어 있으며, 이 요소들에는 내담자 감정, 인지적 추론과 명료화, 화제의 핵심성, 표현력, 협력, 말 허용하기 대 압도하기, 탐색, 그리고 탐색의 영향력(촉진 대 방해·혼란) 등이 포함되어 있다. 공감은 상담자의 각 반응을 8개의 차원에서 평정한 점수의 합으로 나타낸다.

1.3.3 체험수준

상담과 심리치료에서 체험은 내담자가 나타내는 참여(participation) 및 자기－관여(self-involvement)의 질적 특성을 말한다. 체험수준은 내담자가 자신의 내면에 주의를 집중하고, 내면에 대한 자각을 확장해 나감과 동시에 내면의 탐색에 노력을 기울이는 정도를 말한다. 본 연구에서는 축어록화 된 내담자의 언어 반응을 Klein 등(1986)의 체험 척도에 근거하여 평정한 수준을 의미한다. 내담자의 체험수준은 체험 척도에서 내담자의 언어 반응에 나타난 자기－관여의 정도, 자기 탐색의 정도로 평정되며 수준 1에서 7까지 있다.

1.3.4 상담성과

상담자 개입의 영향으로 나타난 상담의 효과를 상담성과로 본다. 본 연구에서는 상담자의 공감적 개입으로 나타난 상담의 즉시적 성과를 내담자의 체험수준으로, 중간성과는 회기평가질문지(SEQ)로 측정한다. 최종 및 추후 성과는 다면적 인성검사(MMPI)(김영환 등, 1997), 간이정신진단검사(SCL-90-R)(김광일 등, 1985), 그리고 상담성과질문지(정남운, 1998)로 측정하였다.

1.3.5 성공사례와 비성공사례

성공사례와 비성공사례는 사전, 사후에 측정한 MMPI와 SCL-90-R의 결과를 토대로 구분하였다. 성공사례는 MMPI와 SCL-90-R의 사전, 사후 검사에서 뚜렷한 변화를 보이는 것으로, 비성공사례는 사전, 사후 검사에서 별 차이를 보이지 않는 것으로 하였다.

제2장 이론적 배경

2.1 공감의 치료적 역할

모든 치유적 개입의 기본 조건처럼 받아 드려지면서도 그 정의가 모호한 기본 개념들 중의 하나가 공감이다(Brems, 1989; Binus & Gaw, 1995; 윤순임, 1996). 상담과 심리치료에서 공감 개념의 어원과 현재 위치를 살펴보면 다음과 같다.

공감(empathy)은 독일어 Einfühlung이라는 말에서 왔고, 이를 최초로 사용한 사람은 Robert Vischer(1873)이다(Wind, 1963). Einfühlung은 독일 미학에 그 뿌리를 두고 있지만 우리의 관심은 그 개념이 심리학에서 사용되는 방식에 있다.

공감은 그리이스 말 empatheia에서 왔다. empatheia의 em은 "in", "into", 그리고 "안"의 뜻을 지니고 있으며, 라틴어의 pathos는 "고통", "열정"을 뜻한다. 현대적인 의미에서의 공감은 Katz(1963)까지 거슬러 올라가며, 타인을 아는 방식으로까지 그 개념을 확장한 사람은 Lipps이다(Wispé, 1987, 재인용).

미국에서 공감(empathy)이 사용되기 시작한 것은 Titchener(Shlien, 1997)가 그의 저서 「Elementary Psychology of the Thought Processes」(1909)(Wispé, 1986)에 이 말을 소개하면서부터이다. Titchener는 공감을 "마음의 근육(the muscles of his mind)"을 움직이는 것이라고 하였다(Shlien, 1997). 또한 Titchener는 두 가지 다른 공감 개념의 선구자이다. 하나는 다른 사람의 정동을 아는 방법으로서의 공감이고, 다른 하나는 사회적－인지적 결합(bonding)의 한 종류로서의 공감이다(Wispé, 1986).

공감 개념의 사용을 연대기적으로 살펴보면 다음과 같다. 공감의 개념은 학문적인 심리학 영역에서는 Rogers(1975)와 밀접히 관련되어 있고 (Kahn, 1985), 정신분석 영역에서는 Kohut(1959, 1984)와 밀접히 관련되어 있다(Kahn, 1985; Brothers, 1989; Stephan, 1991). 공감의 개념이 미학에서 성격으로 전이해 갈 때 연대기적으로 Einfühlung을 가장 먼저 사용한 사람은 Freud이다. Freud는 유머에 관한 그의 논의(1905, 1960)에서 "우리가 지금 발생하고 있는 정신적 상태를 고려하고, 우리 자신을 그 안으로 집어넣고, 우리 자신의 것과 그것을 비교함으로써 그것을 이해하려고 하는 것"을 의미하기 위하여 Einfühlung을 사용하였다. 그러나 우리 자아에 낯선 것을 이해하는 방식을 공감이 제공했다는 그의 생각은 더 이상 발전되지 않았다(Wispé, 1987). 공감의 개념은 1930년대 많은 성격 이론가들에 의해 활용되었다. 특히 1950년대 인간중심 치료자들이 이 개념을 도입하여 사용하였고, 소중히 다루었고, 부활시켰다. 1950년대와 1960년대 즈음에 심리치료에서의 방법론적 차이에 관한 토론이 열기를 더해가고 있을 때, Rogers(1951, 1957)는 치료자가 "다른 사람의 태도를 사는" 노력의 필요성을 역설하기 위해 공감 용어를 사용하였다 (Wispé, 1986). 1960년대에는 행동주의 심리학자들이 잠시 사용하였고, 가장 최근에는 이타적인 행동을 설명하기 위하여 사회심리학자들과 발달 심리학자들이 사용하고 있다(Wispé, 1987).

인간중심 접근에서 공감의 정의를 살펴보면 다음과 같다. Rogers의 성격이론에서 공감의 개념은 중요하며 심리치료에서는 결정적이다(Wispé, 1987). Rogers는 공감에 대한 두 가지 정의를 제공했다.

첫째, 그가 내린 초기의 정의이다.

"공감은 내담자의 사적인 세계를 '마치(as if)'라는 사실을 망각함이 없이 그 자신(상담자)의 것처럼 느끼고 이러한 경험을 전달해 주려고 시도하는 것이다"(Rogers, 1957).

"공감은 다른 사람의 내적 준거틀을 정확하게, 그것의 감정적인 요소와 거기에 관련된 의미를 '마치(as if)'라는 사실을 망각함이 없이 자신이 그 사람인 것처럼 지각(perceiving)하는 상태이다"(Rogers, 1959).

'마치(as if)'라는 질(quality)을 잃어버릴 경우, 그때는 공감 상태라기보다 동일시의 상태이다(Rogers, 1980).

둘째, 후기에 그는 공감을 과정 개념으로 정의하였다.

"다른 사람의 사적인 지각 세계에 들어가서 거기서 철저히 거한다는 것을 뜻한다. 이는 순간순간 이 사람 속에 흐르는 느껴진 의미의 변화와 두려움, 분노, 상냥함, 혼란 또는 그가 경험하는 모든 것에 민감한 것을 포함한다. 이는 일시적으로 그 사람의 삶을 살며, 판단하지 않고 그 속에서 부드럽고 섬세하게 옮아 다니면서, 그가 거의 인식하지 못하는 의미까지도 감지하는 것을 말한다. 그러나 이것이 너무 위협적일 때에는 그가 완전히 인식하지 못한 느낌을 드러내지 않으려고 할 수 있다. 이는 그 개인이 두려워하는 요소를 겁먹지 않은 눈으로 바라보면서 당신이 감지한 그의 세계를 전달해 주는 것도 포함한다."(Rogers, 1975, p.4)

Rogers가 후기에 정의한 공감의 내용을 검토해 보면, 이 속에는 상호작용 과정의 두 단계가 포함되어 있다(박성희, 1994; Gladstein, 1983). 첫째 단계는 상담자가 내담자의 삶을 일시적으로 사는 것이고, 두 번째 단계는 내담자의 삶에 대한 상담자의 느낌을 의사소통하는 것이다. 또한 인지적 공감(cognitive empathy)과 정의적 공감(affective empathy)이 다 포함되어 있다(Gladstein, 1977). Hackney(1978)는 1958년부터 1978년까지의 공감에 대한 Rogers의 정의를 살펴본 후, 최근에는 의사소통 기술로서의 공감을 강조하고 있다고 기술했다.

인간중심적 접근에 속하는 Barrett-Lennard(1962)는 공감에 대한 구체적인 개념적 공식화를 시도하였다.

> "직접으로 공감적 이해(empathic understanding)는 다른 사람의 전 존재(full present)와 변화하는 인식에 대해 알고자 하며, 그 사람이 전달하고 의미하는 바를 받아드리려고 접근해 다가가며, 또한 그의 말과 신호를 최소한 그 순간에 그에게 가장 중요하게 느껴지는 인식의 제반 측면들과 부합되는 경험적 의미로 번역해 내는 하나의 능동적 과정을 의미한다. 즉 공감적 이해는 다른 사람의 외부적인 의사 전달 '이면에' 있는 의식을 경험하는 것이다. 다만 이러한 의식이 다른 사람 속에서 발원하여 흘러나오는 것이라는 사실을 지속적으로 인식하는 것이 필요하다."

Barrett-Lennard(1981)의 공감에 대한 정의는 전통적이고 포괄적인 관점으로부터 많이 벗어나 있다. 그는 대인 간 모델로 공감적 행동의 3단계 순환적 모델을 제시하였다(Brems, 1989). 이는 그가 공감을 과정 개념으로 간주함을 의미한다.

또한 내담자중심 상담에서 주요하게 제시되어 온 특성 중의 하나가 정확한 공감(accurate empathy)이다. 상담자의 정확한 공감은 상담성과와 관련된다. Truax와 Carkuff(1967)는 정확한 공감을 다음과 같이 정의한다.

> "정확한 공감은 치료자가 내담자 또는 환자의 사적인 세계를 마치 자신의 것처럼 감지하는 능력 이상의 것을 포함한다. 정확한 공감은 현재의 느낌에 대한 치료자의 민감성과 이해된 것을 내담자의 현재 느낌에 조율된 언어로 의사소통 할 수 있는 언어적 재능 두 가지를 다 포함한다. 만일 여기에서 내담자가 상담자

로 하여금 자신과 동일한 정서를 느껴야 한다고 요구한다면, 이
때 치료자는 내담자의 느낌을 공유하지 않아도 된다. 이는 오히
려 바람직하지 않다."

한편, 국내 소암 이동식은 공감을 직지인심(直指人心)으로(박병탁,
1990), 문홍세(1990)는 이심전심(以心傳心)으로 표현한다.

그러나 최근에는 공감을 단일한 하나의 구인이 아닌 복합 요소 현상으
로 보려는 여러 가지 탐색적 시도들이 이루어지고 있다. Lister는 공감이
8가지 요소를 가진 것으로 본다(Hargrove, 1974). 내적 준거틀, 지각적
추론, 정확한 지각적 추론, 즉시성, 개인적 지각에 대한 강조, 신선한 말
의 사용, 적절한 목소리, 그리고 탐색하기 등이다. Cochrane은 공감이 6
가지 측면을 포함하고 있다고 본다(Cochrane, 1974). 내적인 틀, 정서적
분리, 정확성, 구체성, 에너지, 그리고 보호하는 태도 등이다. Elliott 등은
공감이 8가지 차원을 가진 것으로 본다(Elliott et al, 1982). 이 요소들에
는 내담자 감정, 인지적 추론과 명료화, 화제의 핵심성, 표현력, 협력, 말
허용하기 대 압도하기, 탐색, 그리고 탐색의 영향력(촉진 대 방해 · 혼란)
등이 포함된다. 이러한 입장을 종합해 보면 공감은 관계된 개념들로 이
루어진 하나의 복합 구인으로 간주할 수 있다.

이상에서 살펴 본 바와 같이 공감의 개념은 계속 변화, 발전되어 왔다.
이에 본 연구자는 공감이란 상담자의 공감적 탐색(empathic exploration)
을 통하여 점차적으로 내담자의 내적 준거틀에 대한 이해를 심층적으로 확
장해 나가는 것이라 생각한다. 그러나 상담 장면에서 상담자의 공감은 상
담자의 공감반응을 통하여 내담자에게 전달된다. Barrett- Lennard(1981)
는 공감적 이해의 과정을 상담자가 내담자의 애기를 듣고 공명하는 단계,
이를 상담자가 내담자에게 표현하는 단계, 그리고 상담자의 표현된 공감을
내담자가 지각하는 단계 등의 세 단계로 구분하였고, 이러한 세 단계가 계
속 순환된다고 보았다. 이러한 관점에서 보면, 본 연구에서의 상담자의 공

감은 언어적으로 표현된 상담자의 공감반응이라 할 수 있다.

또한 최근에는 상담자의 공감적 개입을 공감반응의 전통적 이해인 느낌의 반영에만 제한하지 않는다. 내담자로 하여금 자기-표현적(self-expressive), 자기 탐색적이게 하는 상담자의 모든 개입을 공감반응으로 보는 입장이 등장하고 있다(Vanaerschot, 1997). 따라서 본 연구에서도 역시 상담자의 공감반응을 내담자의 자기표현과 자기 탐색을 증가시키는 상담자의 모든 개입으로 본다. 또한 공감반응을 단일 요인이 아닌 다차원적 요인을 가진 것으로 본다. 따라서 본 연구에서는 공감반응이 여러 가지 차원, 즉 내담자 감정, 인지적 추론과 명료화, 화제의 핵심성, 표현력, 협력, 말 허용하기 대 압도하기, 탐색, 그리고 탐색의 영향력(촉진 대 방해·혼란) 등의 요소(Elliott, 1982)를 가진 것으로 본다.

상담 및 심리치료 실제에 있어서 공감의 치료적 가치는 모든 접근의 심리치료자들에게 널리 인식되어 왔다(Wispé, 1986). 상담과 심리치료에서 치료자의 공감적 능력은 성공적인 상담을 위한 중요한 조건으로 간주되어 왔으며(Peabody & Gelso, 1982), 치료가 어떻게 작동되는지를 이해하는 데 있어서도 중심 개념이다(Bohart & Greenberg, 1997). 또한 공감은 단지 상담자와 내담자 간에 라포(rapport)를 형성하기 위해서 중요한 것이 아니라 그 자체가 일차적인 치료적 변수이다(Bohart & Greenberg, 1997).

치료적 관점에 따라 강조되는 공감의 역할이 다르다. 내담자중심, 인본주의 상담에서 공감은 상담자가 내담자에 대한 이해를 전달하는 하나의 방법이다. 경험주의적 관점에서는 좀 더 탐색적인 형태의 공감이 강조되며, 동맹 형성에 기여하는 공감 그 자체를 하나의 치료적 개입으로 간주한다. 공감의 관계적 관점을 강조하는 가장 최근의 입장은 공감의 연결하는 기능(the connecting function)을 강조한다. 부부, 가족, 또는 집단과 같은 관계적인 단위에서 공감은 서로 관계를 맺는(being together) 근본적인 방식이기 때문이다(Bohart & Greenberg, 1997).

심리치료의 성공 여부를 가장 강력하게 예언하는 것(predictor)은 바로 치료적 관계이다. 관계적 조건에 관한 논문에서 Rogers는 공감이 바로 이러한 치료적 관계를 창조하는 데 중요한 요소들 중의 하나이며, 근본적으로 중요한 것은 바로 치료자의 공감적 태도라고 분명히 하고 있다 (Bohart, & Greenberg, 1997). Rogers(1980)가 공감의 치료적 역할에 대해 언급한 것을 살펴보면 다음과 같다. 첫째, 공감은 고립감을 용해시킨다(Empathy dissolves alienation). 공감 받는 사람은 공감 받는 동안 자신이 인류와 세상과 연결되어 있다는 것을 발견한다. 둘째, 공감 받는 사람은 자신이 한 사람으로서 수용 받고 돌봄 받고 가치 있다라고 느낀다. 셋째, 민감한 공감적 이해는 비판단적인 특질을 갖는다. 공감 받는 사람은 이를 지각하고, 자기 수용 가능성이 점점 증대된다. 넷째, 공감은 한 사람이 정체감을 가진 하나의 독립된 가치 있는 인간으로 존재하는 데 필요한 확인을 제공한다.

또한 Rogers(1980)는 공감의 치료적 역할에 대하여 다음과 같은 새로운 관점을 제시하였다. 첫째, 치료자의 비평가적이고 수용적인 공감적 분위기는 내담자가 자신을 존중하고 돌보는 태도를 갖게 한다. 둘째, 치료자의 공감적 경청은 내담자가 자신들에게 좀 더 정확하게 경청하도록 한다. 셋째, 내담자가 자신을 좀 더 이해하고 존중하게 되면, 그 자신을 새로운 경험에 개방하게 되고, 새로운 경험을 자기 개념에 통합시킨다. 이러한 결과 내담자의 자기(self)는 자신의 경험과 좀 더 일치된다.

Bohart와 Greenberg(1997)는 공감적 과정의 치유적 역할에 대하여 다음과 같이 언급하였다. 공감적 과정에서 치료자가 내담자들이 그들 자신과 그들의 세계를 어떻게 보는지 이해하기 위하여 내담자 세계에 치료자 자신을 담고, 이것을 말로 표현하고, 그리고 내담자에 대한 그들 자신의 이해를 검토(check)하는 공감적 과정 자체가 치유적이다. 공감은 내담자의 경험에 대한 상징을 치료자와 내담자가 공동 건설하는 과정이다. 내담자가 그들의 경험을 상징화하는 과정은 치료적 과정에서 보편적이고 핵심적인 요소이다. 경험의 상징화는 내담자를 명료하게 하고 혼란으로 부터 구제한다. 일단 내담자가 느껴진 것을 다룰 수 있게 되면, 더욱 탐색하고 설명하고 재조직화해서 새로운 의미를 창조해 낸다. 이러한 과정은 자기 이해를 확장시키고 자기 - 조직(self-organization)을 개선하도록 이끈다. 한마디로 공감은 내담자의 경험이 뜻이 통하도록 돕는다.

한편, Wispé(1986)는 공감의 부정적인 측면이 종종 무시되어 왔다고 주장한다. 즉 공감 개념을 무비판적으로 사용하는 것에 대하여 지적하였다. 즉 공감이 대인 간 관계에서 항상 긍정적으로 작용하지 않을 수도 있다는 점을 무시해 왔다는 것이다. 즉 공감의 사용에는 좋고 나쁜 것, 적절하고 부적절한 것이 있을 수 있다. 내담자에게 도움이 되는 공감의 종류가 있고 그렇지 않은 공감이 있다. 어떤 시점에서는 공감이 도움이 되지만 다른 시점에서는 도움이 되지 않을 수도 있다. 적절한 수준의 공감은 내담자에게 도움이 되지만 너무 높거나 낮은 수준은 도움이 되지 않는다고 주장한다. 그러나 내담자에게 적절하지 않은 공감이라고 한다면, 이는 이미 진정한 의미에서의 공감이라고 할 수 없을 것이다.

공감의 치료적 역할을 이해하기 위해서 각 내담자에게 맞는 공감의 유형이 있는지를 아는 것 또한 중요하다(Duan, & Hill, 1996). Bachelor(1988)는 내담자에 따라 도움이 되는 공감의 유형이 다르다는 것을 보여주었다. 어떤 내담자들은 자기 자신 안에서 일어나고 있는 가장 내부에 있는 경험을 상담자가 정확하게 인지하는 것을 공감으로 지각했고, 어떤 내담자들은 현재 자신들이 느끼고 있는 상태에 상담자가 참여하는 것을 공감으로 지각했다. 또한 어떤 내담자들은 상담자가 자기 노출을 하거나 지지해 주는 것을 공감 받는 것으로 지각했다. 이러한 연구 결과는 내담자에 따라 필요로 하는 공감이 다르다는 것을 추론하게 해 준다.

공감의 맥락과 시기를 고려하는 것 또한 중요하다. 회기에서 내담자가 부정적인 반응을 보일 때, 상담자가 하는 지적 공감은 내담자에게 도움이 되지 않는 것으로 나타났다. 그러나 상담자와 내담자가 좋은 치료적 관계 맥락에 있을 때에는, 상담자가 내담자를 잘못 이해하더라도 내담자는 이를 완전히 비효과적인 개입으로 지각하지 않았다. 즉 시기와 맥락에 따라 내담자가 공감을 달리 지각하는 것으로 나타났다(Hill et al., 1992; Thompson & Hill, 1991).

이상에서 살펴본 바와 같이 공감의 치료적 역할에 대한 의견은 아직도 분분하다. 앞으로 공감의 치료적 역할을 적절하게 이해하기 위해서는 상담자의 공감과 개념적으로 유사한 다른 현상들과의 관계에 대한 연구가 필요하다. 즉, 정신분석학적 치료에서 중요시하는 작업 동맹, 애착, 전이와 역전이, 그리고 공감적 실패나 잘못된 이해 등과 같은 현상들과 공감과의 관계를 밝히는 연구가 필요하다(Duan & Hill, 1996).

이와 같이 공감은 아직도 하나의 이론으로 충분히 발달하지 못하였고, 공감이 어떻게 작동하여 치료를 성공적으로 이끄는지에 대한 연구는 아직도 진행되고 있다. 그러나 공감의 치료적 역할은 대부분의 치료자들에게 있어서 경험적 실제이고 일반적으로 확립된 사실로 받아드려지고 있다. 공감 이론이 발달된다면, 그동안 마음과 몸의 논쟁에 의해 너무나 오랫동안 잊혀졌던 "전인(whole person)"을 다시 회복시키는데, 이 이론이 기여하게 될 것이다(Shlien, 1997).

2.2 공감에 대한 인간중심적 이해

다른 사람의 마음 속에 어떻게 들어가느냐 하는 문제는 오랫동안 논의되어 온 근본적인 문제이다(Beres & Arlow, 1974). 공감은 인간중심 접근에서 중요한 역할을 하며(Marcia, 1987; Bohart, 1991), 인간중심 접근의 가정에서 핵심을 구성한다(Bozarth, 1997). 공감은 상담자 자신을 사용하는 가장 섬세하고 강력한 방법들 중의 하나이며(Rogers, 1980), 인간 중심 치료자들에게 그들이 해야 할 한 가지만을 선택하라고 한다면, 공감적 이해를 내담자에게 전달하는 것을 선택할 것이다(Marcia, 1987).

2.2.1 태도로서의 공감

내담자중심 관점에서 인간은 선척적으로 자기실현 경향성을 가진 것으로 본다. Rogers는 인간 본성에 대한 긍정적인 관점, 신념을 가질 것, 특히 치료자가 내담자들에게 긍정적이고 신뢰하는 관점을 가질 필요성을 역설하였다(Rogers, 1951). 또한 치료자가 내담자들에게 일관된 신뢰와 존경의 태도를 취하기 위해서는 우선 치료자 자신에 대하여 이러한 태도를 취할 수 있어야 함을 강조했다(Stephan, 1991).

Rogers(1980)는 내담자가 하나의 존재(being)로 되어 가도록 돕는 방법이 집중적 경청과 느낌의 반영임을 발견하였다. 그러나 그는 내담자의 느낌에 경청하고 "반영한다"는 것이 매우 복잡한 과정임을 알게 되었다. 또한 내담자가 의미 있는 것을 표현하고 있는데, 상담자가 이를 놓치고 피상적이고 도움이 되지 않게 반응하는 순간들과 지루하고 산만하게 이야기하고 있는 내담자의 말을 초점 있는 자기 탐색으로 변화시키는 방법을 발견하였다. 이러한 학습 과정과 그 후의 연구 증거들이 축적되어 내담자의 변화와 학습을 일으키는 가장 가능한 요인이 수준 높은 공감이라는 결론에 도달하였다(Rogers, 1980).

내담자가 상처받고 혼란되고 어려워하고 예민하고 소외되고 두려움에 떨고 있을 때, 또는 자기 가치에 대해 의심하고 불확실한 정체감으로 힘들어 할 때, 내담자 존재에 대한 이해가 필요할 때, 최고의 방법이 공감이다(Rogers, 1980).

Rogers가 공감이라는 용어를 분명하게 사용하기 시작한 것은 1951년

그의 저서 「Client-centered therapy」에서이고, 여기에서 그는 공감을 치료자가 내담자에 대한 관심과 수용을 발달시키는 것과 비판단적인 깊은 이해를 하는 것으로서 기술히였디. 공감은 내담자에 대한 동일시, 전인으로서의 내담자에 대한 존경, 그리고 내담자를 그 자체로 수용하는 것을 포함한다(Bozarth, 1997).

Rogers가 1957년 치료적 성격 변화를 위한 필요충분조건에 대하여 공식적으로 진술한 것은 내담자중심 치료에서뿐만이 아니라 모든 치료적 접근에서 일어나는 치료적 성격 변화를 설명한 것이었다. 이러한 진술이 내담자중심 이론에서 공식화될 때, 치료적 변화를 일으키기 위해서는 치료자의 수용적인 공감적 이해를 내담자가 지각하는 것이 필요하다는 것으로 주장된다. 그러나 치료적 변화 이론과 필요충분조건에 대한 가정에서 공감적 이해는 행동에 대해서 표현하는 것이 아니다. 이 점은 Rogers의 공감을 이해하는데 중요한데, Rogers의 이론은 치료자의 태도로 표현되기 때문이다(Bozarth, 1997). 1993년 Bozarth는 치료적 성격 변화를 위한 필요충분조건에 대한 Rogers의 가정을 재개념화 하면서 상담자가 내담자에 대한 무조건적 긍정적 존중을 가장 순수한 방식으로 전달하는 하나의 그릇(vessel)이 바로 공감이라고 보았다.

앞에서 언급한 바와 같이 Rogers의 공감은 태도적 원리에 기반을 두고 있지만, 그가 시카고 대학에 재직하고 있을 당시 Rogers가 많이 관심을 가졌던 부분은 치료자의 반응이었다. 내담자의 느낌을 명료화하는 치료자의 활동을 그는 명료화(clarification), 반영(reflection), 그리고 느낌의 반영(reflection of feeling)이라 이름 붙였다. 그러나 Rogers에게 좀 더 포괄적인 의미를 제공했던 공감은 치료자의 반응 기술이 아니라 태도이다(Bozarth, 1894, 1997).

Rogers의 공감을 좀 더 설명하면 다음과 같다(Bozarth, 1997).
첫째, 다른 치료 형태의 전제조건이 아니라 핵심적인 치료적 구인이다.
둘째, 어떤 독특한 치료적 행동이라기보다는 내담자를 향한 그리고 내담자의 경험에 대한 치료자의 태도이다. 셋째, 비지시적 태도에 기반한 대인 간 과정(interpersonal process)이다. 넷째, 전체적인 태도의 한 부분이다. 즉 공감적 이해에 대한 경험은 무조건적 긍정적 존중, 일치성과 같은 내담자를 향한 치료자의 태도와 관련되어 있다.

한편, 정신분석학의 최근 흐름인 대상관계이론에 속하는 사람들은 두 가지 입장으로 나누어진다. 고전적인 정신분석에서와 같이 공감을 단지 해석적 과정에 유용한 것으로 보는 입장과 내담자중심 치료에서와 같이 공감을 본질적인 주요한 치료적 요소로 보는 입장이 있다. 전자에 속한 사람들로는 Mahler(1975), Leoward(1970), Kernberg(1970), 그리고 Kramer(1980) 등이 있는데, 이들은 공감을 통찰과 해석을 위한 분석적 도구로서, 해석적 작업을 위한 전제조건으로서 생각한다. 후자의 경우에 속하는 사람들로는 Winnicott, Guntrip(1970), 그리고 Kohut 등이 있으며, 해석과 달리 치료적 관계 그 자체를 중요시하고(Herron & Rouslin, 1982; Marcia, 1987) 공감의 정의적 요소를 중요시한다. Winnicott는 정신분석의 치료적 요인을 해석이 아니라 분석적 장면에서, 치료자가 빠진 부모의 역할을 제공하고 초기의 발달적 요구를 충족시켜 주는 치료자의 태도로 본다. 이것이 바로 Winnicott의 "버텨주는 환경(holding environment)"의 개념이다. Winnicott와 Guntrip은 심리치료를 본질적으로 부모적 관계로 본다. 그러나 Rogers(1986)는 치료자가 내담자의 "재-부모"가 되는 것은 불가능하다고 본다. 그러나 내담자가 아동기에 결핍된 것을 알도록 돕고 그 결핍을 애도하는 과정을 경험할 수 있도록 치료자가 돕는 것은 가능하고 필수적이라고 본다.

2.2.2 공감의 원리

인간중심 접근에서 상담자가 내담자를 공감하기 위한 인식론적 조건은

편견에서 자유로운 태도이다(강석헌, 1996). 내담자를 있는 그대로 이해하기 위해서는 상담자의 판단중지 혹은 유보가 필요하며(이재규, 1995), 상담자 자신의 관점과 가치를 접어두는 것이 필요하다(Basch, 1983; Rogers, 1985; Karlsberg & Karlsberg, 1994). 내담자 입장에서 내담자의 눈으로 보고, 내담자의 가슴으로 느끼고, 내담자의 머리로 생각하는 상담자의 능력을 필요로 한다(연문희, 1995). 이는 Murrary가 recipathy라고 부른 Husserl의 "현상학적 환원" 상태를 잘 성취하는 것이다(Mahrer, 1997). 한편, 정신분석학의 자기심리학자들 역시 공감을 하나의 근본적인 인식 태도로 간주한다(윤순임, 1996).

인간중심 접근에서 상담자가 내담자를 공감적으로 이해하는 데 두 가지 능력을 필요로 한다. 첫째, 내담자의 말 속에 포함되어 있는 중요한 감정, 태도, 신념, 가치 기준을 포착하는 감수성이다. 둘째, 상담자가 내담자의 외적 측면뿐만 아니라 내적 측면까지 이해하고 알게 되었음을 내담자에게 알려주는 전달과 소통 즉 커뮤니케이션이다(이장호, 1990). 이를 Greenberg와 Elliott(1997)은 과정-경험적 공감의 두 가지 원리로 요약한다. 첫째는 공감적 조율의 원리(an empathic attunement principle)이고, 둘째는 공감적 의사소통의 원리(an empathic communication principle)이다. 상담자가 내담자에게 공감적 이해를 의사소통 하는 것은 내담자에게 안전한 촉진적 환경을 제공하고 탐색을 촉진시키기 위해서 중요하다(Greenberg & Elliott, 1997).

한편, 정신분석적 접근에서도 의사소통으로서의 공감을 강조한다. Schlesinger(1981)는 치료자가 환자들과 공감적으로 의사소통 하는 것을 정신분석과 정신역동적 심리치료의 기초라고 보았다. 또한 Eagle과 Wolitzky(1997)는 넓은 의미에서의 정신치료의 기초라고 보았다.

Greenberg와 Elliott(1997)에 의하면, 인간중심 접근에서 치료자가 경청해야 할 두 가지 중요한 것이 있다. 첫째, 치료자는 내담자의 현재 느낌과 강한 태도 특히 살아 있고 가장 통렬한 그리고 가장 중심이 되는 메시지를 경청해야 한다. 이는 가장 생생하게 살아 있고 중심적인 것을 이해했음을 전달하려는 의도를 지닌 고전적인 내담자 중심에서의 반영이다. 아주 강한 느낌을 동반하는 내담자의 귀중한 순간들을 발견하고 상담자가 그 속에 거하는 것은 내담자의 내부 속으로 좀 더 깊이 들어가는 왕도가 된다(Mahrer, 1997). 둘째, 치료자는 내담자의 성장 가능성을 경청해야 한다(Greenberg et al., 1993). 이러한 유형의 반응은 성장 지향적이고 미래 지향적이다(Bohart et al., 1993). 내담자의 유기체적인 요구, 내적인 힘과 자원에 초점을 맞춘 이러한 반응은 내담자의 탐색과 성장을 촉진시킨다.

한편, 고전적인 정신분석에서 공감적 경청은 환자의 무의식적 역동에 관한 단서를 제공하고, 효과적인 해석을 하도록 촉진하며, 환자를 통찰로 이끄는 역할을 한다(Basch, 1983; Bohart, 1991; Bohart & Greenberg, 1997). Berger(1987)의 표현을 빌리면, 공감적 경청은 통찰의 길로 나아가기 위한 징검다리 역할을 하는 것이다. 즉 정신분석적 치료에서 공감은 내담자의 무의식적 역동 안으로 들어가기 위한 문을 제공하는 것이다(Bohart & Greenberg, 1997).

인간중심 접근에서 상담자의 공감적 의사소통의 의도를 다음과 같이 요약할 수 있다. 첫째는 수용적이고 지지적인 환경의 창조이고, 둘째는 성장 가능성과 탐색의 촉진이다. 여기서 공히 중요한 것은 의사소통의 태도이며, 특히 목소리의 질과 얼굴 표정이 중요하다(Greenberg & Elliott, 1997). Rogers의 영향을 받은 Barrett-Lennard(1981)는 공감적 이해의 과정을 연속적이고 순환적인 과정 단계로 개념화하였다. 1단계는 공감적 공명 단계(empathic resonation phase), 2단계는 표현된 공감 단계(expressed empathy), 그리고 3단계는 지각된 공감 단계(perceived empathy)이다(Barrett-Lennard, 1981, 1993; 문현미, 1989). 공감적 공명으로 치료자는 내담자가 표현한 것을 신체적인 감각으로 느끼고, 이에 초점을 맞추어 분명히 하려고 한다. 이와 같은 공감적 과정은 내담자의 상징과 치료자의 함축적 경험 간의 상호작용이 발달할 때 일어날 수 있다(Vanaerschot, 1997).

　치료자와의 이러한 공감적 상호작용은 내담자의 경험 과정을 미완성에서 완성으로 이끌고 보다 적절한 경험 방식을 내담자에게 제공한다 (Vanaerschot, 1997). 이는 내담자의 말과 신호를 그 순간에 그에게 가장 부합하는 의미로 번역해 냄을 의미한다(Barrett-Lennard, 1962). 이러한 맥락에서 공감적으로 상호작용하는 치료자는 내담자의 "대리적 정보 처리자(surrogate information processor)"(Wexler, 1974), "대리적 경험자 (surrogate experiencer)"(Vanaerschot, 1997)이다.

2.2.3 치료적 동인으로서의 공감

　공감의 치료적 역할에 대해서 오랫동안 논란이 되어 온 것은 공감을 치료적 도구로 보느냐 아니면 치료 그 자체로 보느냐이다(장성숙, 1990).

　인간중심 접근에서 공감의 치료적 공헌에 대해 기본적으로 가정된 원리는 치료자의 공감이 차단되었거나 적절하게 진행되지 못했던 내담자의 경험 과정을 교정시키거나 완성시킨다는 것이다(Vanaerschot, 1997). 내담자에게 개방되어 있지 않은 경험 영역은 그 영역에 대한 자기 공감의 상실이나 부족 때문이라 할 수 있다. 그러나 내담자가 충분히 이해 받고 수용 받게 되면, 그는 이전에 피해왔던 경험을 긍정적으로 보게 되고 자신의 느낌을 수용하게 된다(Rogers, 1995).

　공감이 유익한 또 다른 점은 내담자가 그들 자신과 관계하는 방식을 학습하도록 한다는 것이다(Bohart, 1991; Bohart & Greenberg, 1997). 공감적 이해는 경험 과정과 삶의 이야기를 재작업 하도록 자극한다는 점에서 실제적으로 모든 사람에게 가치가 있지만, 특히 아동기에 공감적 실패로 고통 받았던 내담자들에게 중요한 역할을 한다. 이는 의미 있는 타인들로부터 공감 받지 못한 내담자가 자신의 경험에 공감하는 법을 내재화시키지 못했기 때문이다(Warner, 1997). 따라서 치료자가 내담자의 경험에 공감하는 것은 내담자가 그들 자신의 경험과 공감적으로 관계하는 방식으로 내재화된다(Rogers, 1975). 이는 치료에서 내담자가 사랑 받은 경험이 자신을 사랑하는 것으로 확장되는 것이다. 치료자의 공감적 경청과 이해는 내담자가 자신의 내장 경험, 희미하게 느껴진 의미를 좀 더 큰 공감으로 좀 더 정확하게 경청할 수 있게 한다(Rogers, 1975). 즉 내담자가 자기 공감을 사용하는 방법을 학습하도록 돕는다(Bohart, 1991).

또한 공감은 내담자가 순간순간 삶의 결정을 내려야 할 때, 경험적 준거를 사용하는 학습 기술을 개발하도록 돕는다(Bohart, 1991). Bohart(1991)에 의하면, 내담자중심 치료에서 공감은 내담자가 현재 이용 가능한 경험에 초점을 두게 한다. 상담자는 내담자가 드러내는 순간순간의 경험의 흐름을 따라가기 위해 공감을 사용한다. 이는 내담자에게 자기 통찰을 시키기 위한 것이 아니라 공감을 통하여 내담자가 자신 안에 계속 변화하고, 나타나고, 그리고 전개되고 있는 흐름에 초점을 두고 집중하는 것을 학습하도록 돕기 위함이다. 치료자는 내담자가 세상을 어떻게 경험하는가에 대한 일반화된 모델을 구성하기보다는 일련의 변화하는 순간순간의 모델을 구성한다. 내담자중심 치료는 내담자가 자기 자신에로의 여행 방법, 탐색 방법, 위기 대처 방법, 그리고 모르는 것에 직면하는 방법을 학습하도록 돕는다. 따라서 내담자가 획득해야 할 기술은 "변화하는 삶의 강을 타는 방법"이다. 내담자가 시시각각 나타나는 새롭고 다른 상황 안으로 자기 자신을 조율할 수 있을 때, 과거 경험에 기초한 구 모델과 새로운 경험을 비교, 대조할 수 있을 때, 그리고 자신과 상황에 대한 새로운 통합을 형성할 수 있을 때, 내담자는 충분히 기능할 수 있게 된다. 심리치료에서 치료자의 공감은 내담자가 구체적인 삶의 과업을 향해 나아갈 수 있도록 돕고, 나아가 자기 공감을 사용하는 방법을 학습하도록 돕는다(Bohart, 1991).

자기 공감(self empathy) 또는 내부로 향한 공감(empathy directed

inward)은 명료한 의식적인 자기가 유기체적 자기에게 주의 깊게 경청하는 것을 말한다. 이와 같이 자기는 이중성(duality)을 갖고 있다. 공감의 전제조건은 비판단적 수용과 경청인데, 자기 공감의 경우 이는 내적으로 일어나는 모든 것을 진지하게 다루려는 준비성으로 표현된다(Barrett-Lennard, 1997). 또한 자기 공감의 경우, 깊고 전인지적인 수준으로부터 오는 내적 신호들의 메시지가 정확하게 인식되고 명료화되면, 이 순간 이중적 자기는 하나가 된다. 즉 통합과 전체성을 이루게 된다. 자기 공감은 더 나아가 대인 간 공감에의 길을 열고, 따라서 자신과 타인들에게 공감적으로 참여(empathic engagement)하는 것은 치료의 중요한 잠재적 효과로 간주된다(Barrett-Lennard, 1997).

이상에서 살펴본 바와 같이 인간중심 접근에서 공감은 자기에게 힘을 북돋우는 원리(self-empowering principle)에 근거하고 있다(Bozarth, 1997). 내담자중심 치료에서 공감의 치유적 역할을 두 가지로 요약하면 다음과 같다(Greenberg & Elliott, 1997).

첫째, 치료자가 공감적 이해를 의사소통 하는 것은 내담자들이 그들 자신들에게 진실해지고 그들 자신을 향하도록 돕는다. 즉 공감은 내담자들에게 자기 수용적이고 자신의 목소리를 발견하도록 돕는다. 이를 촉진하기 위한 치료자의 과정 목표는 수용하는 동반자가 되는 것이다.

둘째, 탐색과 발견을 통한 학습이다. 이런 관점에서 보면, 내담자들은 그들의 내적 경험과 다르게 관계하고, 자각이 확장된다. 여기서 치료자의 과정 목표는 탐색의 촉진자, 탐색의 동반자, 공동-탐색가(co-explorer)가 되는 것이다. 또한 치료자는 내담자가 가기 두려워하는 곳을 가도록 격려함으로써 내담자의 내적 구조를 재조직하게 한다.

한편, 고전적인 정신분석 이론에서는 공감을 일차적인 치유적 요인으로 보기보다는 치유를 가능하게 하는(enabling) 요인으로 본다. 즉 고전적인 정신분석에서 치유적 동인이 되는 것은 해석이고, 공감은 해석을 위한 분위기 조성을 하는 배경 변수가 된다(Eagle & Wolitzky, 1997;

Hamilton, 1981, 1995; Marcia, 1987).

그러나 정신분석학의 자기심리학자들은 일반적으로 공감 그 자체가 치유적 기능을 가지고 있고, 치료적 통찰에 공헌한다고 본다. 공감에 대한 자기분석적 관점은 다른 분석적 관점과 다르다(Bohart, 1991; Kohut, 1984; Stolorow et al, 1987).

공감에 대한 자기분석적 관점을 좀 더 살펴보면 다음과 같다. Kohut (1984)는 초기에 공감을 대리적 내성(vicarious introspection)으로 정의하였다. 대리적 내성으로서의 공감은 이해와 해석의 두 가지 측면을 갖는다. 이해는 치료자가 내담자의 주관적인 세계를 좀 더 즉각적으로 이해하는 것을 말하며, 해석은 내담자의 현재 반응이 아동기의 의미 있는 타인들의 공감적 실패에 어떻게 기초하고 있는지를 내담자가 알도록 돕는 것이다. Kohut에게 있어서 공감은 부분적으로 내담자의 행동과 경험의 무의식적 의미를 이해하기 위해 기초하는 것으로 보인다(Bohart, 1991). 그러나 공감은 무의식적인 상징적 의미보다 내담자가 자신의 경험을 구조화하고 조직화하는 내담자의 무의식적 방법을 자각하도록 돕는다. 즉 공감은 내담자가 자신의 주관적인 세계를 조직화하고, 타당화 하도록 돕는다(Stolorow et al., 1987). 이는 결국 내담자가 자기 경험을 좀 더 조직화시키고 응집시켜 좀 더 안정되고 버텨내는 자기-구조를 갖게 한다(장성숙, 1990; Bohart, 1991; Stolorow et al., 1987).

Kohut가 해석을 위한 자료수집 방법으로서 공감의 사용을 중요하게 여긴 것은 사실이지만, 최근 발표한 논문(1982)에서 그는 "임상 장면에서뿐만 아니라 일반적인 인간의 삶에서 공감이 단지 존재한다는 것만으로도 유익하며, 넓은 의미에서 치료적이다"라고 기술하였다. 이러한 Kohut의 진술은 그가 공감에 대하여 Rogers와 매우 유사한 방향으로 움직여 갔음을 보여준다(Stephan, 1991). 그러나 자기심리학과 내담자중심 치료가 공감의 치료적 가치를 강조한다는 점에서는 수렴하지만(장성숙, 1990; Bohart, 1991), 관점에는 차이가 있다. 일차적으로 전자는 구조적 개념을 사용하고 후자는 과정 개념을 사용한다. 자기심리학은 사람을 기술하는데 구조적인 은유를 사용한다. Kohut는 석공이 하는 일에 비유하여 "자기 구조의 건설"을 언급한다. 그러나 내담자중심은 사람의 삶을 흐르는 강에 비유하는 "흐름(flow)"의 은유를 사용한다(Bohart, 1991).

　Kohut(1984)에 의하면, 치유적인 치료는 자기와 자기대상 간의 공감의 길을 여는 것 특히 좀 더 성숙한 성인 수준에서 자기와 자기대상 간의 공감적 조율을 형성하는 것이다. 게다가 정신분석적 치료의 목적은 무의식을 의식화시키거나 원욕(id)을 자아로 대치하는 것이 아니라(Freud는 원욕이 있던 곳에 자아가 있게 될 것이라고 하였다), "변형적 내재화(transmuting internalization)"를 통하여 정신적 구조를 형성하고 정지된 발달적 성장을 재개시(회복)하도록 돕는 것이다(김정규, 1998; Eagle & Wolitzky, 1997). 즉 치료자와 계속되는 공감적 관계에서 어렵지만 그들은 그들의 경험을 처음으로 버틸 수 있게 되고, 이러한 경험을 버티고 진행시키는 것을 내재화하게 된다. 이는 결국 내담자가 자기를 잃지 않고 다른 사람의 관점을 취하는 능력을 발달시키는 것으로 연결된다(Warner, 1997).

　Kohut(1984)에 의하면, 사람은 발달 과정에서 자기 대상의 요구가 있다. 이 요구는 마치 인간이 평생 산소를 필요로 하는 것처럼 평생 요구되는 것이다(Eagle & Wolitzky, 1997). Kohut는 그의 최근의 글에서 유아기의 돌보는 이의 공감적 실패는 유아가 한 인간으로서의 존재감 형성을 하지 못하게 하는 결과를 낳는다고 기술하였다(강석현, 1996; Nissim-Sabat, 1995). 또한 그는 아동기의 공감적 실패가 내담자의 자기 구조화 과정을 실패로 이끈다고 주장하였다(Bohart & Greenberg, 1997). 따라서 치료에서 내담자가 공감적 이해를 경험하는 것은 초기에 충족되지 않았던 요구를 부분적으로 충족시키는 것이다. 이러한 요구를 충족시키는 것은 자기 결손을 보수(repair)하게 한다(Eagle & Wolitzky, 1997). 즉 아동기의 공감적 실패는 내담자의 자기-구조를 파편화시키기 때문에 치료자의 공감이 구조화 과정을 회복시키고 성숙시킨다는 것이다. 그러 므로 Kohut의 자기심리학은 Freud처럼 "고고학적 발굴 모델"을 강조하 지 않는다(Stolorow et al., 1987).

Kohut(1971, 1977, 1984)에 의하면, 자기 결손이 있는 환자는 분석가에 게 거울 전이(mirroring transference)를 형성하고 분석가에게 완전한 공 감적 거울의 역할을 요구한다(Eagle & Wolitzky, 1997; Warner, 1997). 이는 공감적 관계가 그들이 실존적으로 존재할 수 있고 외상을 받지 않 고 경험을 유지할 수 있는 유일한 장소이기 때문이다. 또한 Kohut에게 문제가 되었던 것은 자기 대상을 위한 요구 대 자기 대상의 포기가 아니 라 원시적인 자기 대상 대 성숙한 자기 대상이었다. 원시적인 자기 대상 관계는 완전한 공감적 거울 반영을 요구한다(Eagle & Wolitzky, 1997). 따라서 환자는 이러한 요구가 충족되지 않을 때 분노와 절망을 경험한 다. 그러나 Kohut이 관찰한 바와 같이 이러한 요구는 결코 충족될 수 없 다. 사람은 다른 사람을 완전하게 이해할 수도 완전한 거울 역할을 해 줄 수도 없다. 그러나 성공적인 치료에서는 분석가의 공감적 거울 반영 (mirroring)이나 이해가 완전하진 않지만 환자의 초기 삶의 경우에서와 같이 외상적 이지는 않다. 오히려 이것은 Kohut(1984)가 치료의 본질적 인 요소로 본 공감적 이해의 "최적의 실패(optimal failures)" 또는 "최적 의 좌절(optimal frustration)"이다. 즉 최적의 공감적 파괴는 치료관계에 서 해롭지 않다(MacISSAC, 1997). 처음에는 환자가 분노, 절망과 같은 정서적 반응을 보일 수 있지만, 좀 덜 완전하게 제공된 치료자의 공감적 이해를 환자는 점차 인내하게 되고, 이는 환자에게 유익하다. 궁극적으로 환자는 현실적으로 이용 가능한 치료자뿐만 아니라 치료적 상황밖에 있 는 다른 "자기 대상들"과 공감적 공명을 하기 위하여 자신을 이용할 수 있게(avail) 된다. 자기심리학에서 치료적인 "치유"는 환자가 완전하지 않은 공감적 이해와 거울 반영이 있는 치료 안과 밖에서, 자신에게 이득 이 되는 것을 얻어내는 환자 능력의 뚜렷한 증가와 관련된다(Eagle &

Wolitzky, 1997).

요약하면, 자기심리학에서의 공감은 내담자가 자신의 경험에 주의집중 하게 하고, 개인적인 삶의 문제들을 깊이 재작입 하도록 자극하는 의미 에서 치유적이다. 특히 아동기에 심각한 공감적 실패를 경험한 내담자들 에게 끊어졌던 발달 과정이 다시 재개되도록 돕는다. 계속되는 공감적 관계는 내담자가 그들 자신의 경험을 버티고 진행시키는 능력과 자기를 잃지 않고 다른 사람의 관점을 취하는 능력을 발달시키도록 돕는다 (Warner, 1997).

2.2.4 공감과 해석

인간중심 접근에서 치유적인 힘을 갖는 공감과 정신분석적 접근에서 치유적인 힘을 갖는 해석과의 관계에 대해서 학자들은 의견을 달리한다. 크게 대별되는 두 가지 입장이 있다.

첫째, 공감과 해석이 다르다는 입장이다. 공감적 반영은 즉시적으로 이 용 가능한 내담자의 내적 경험 세계에 반응하는 것인 반면, 해석은 무의 식적 측면에 반응하는 것이다. 즉 공감반응은 상담자가 내담자 자신 속 에서 이루어지고 있는 여러 가지 유기체적 경험을 내담자가 의식할 수 있도록 도와주는 작업이다. 또한 공감반응은 내담자에 대한 이해를 전달 하고 탐색을 촉진시킨다. 이에 비해 해석 반응은 내담자가 이전에 알지 못했던 어떤 것을 알도록 지적하거나 "새로운 어떤 것"을 주는 것이다. 또한 해석의 내용은 이론으로부터 도출되어 나온 것이며, 공감의 내용은 내담자의 경험으로부터 도출되어 나온 것이다(Greenberg & Elliott, 1997). 윤호균(1990)은 내담자를 변화시키기 위해 공감만으로 충분한 것 인가 하는 점에 대하여, 치료적이기 위해서는 공감과 해석 둘 다 필요하 다고 주장하였다. 상담자는 한 발은 공감, 한 발은 해석 즉 공감과 해석의 양발로 치료의 길을 걷는다(윤호균, 1990). 이러한 관점에서 보면 공감적 반영과 역동적 해석은 분명히 다르다. Stephan(1991)은 Rogers가 공감 그 자체를 치유적인 것으로 보았고 해석의 가치를 인정하지 않았음을 지적하였다. 그에 의하면, 해석의 가치를 인정하지 않는 점이 바로 Rogers와 Kohut의 차이이다.

둘째, 공감과 해석 간에 공유할 수 있는 공통적 기반이 있다는 입장이다. 이장호(1990, 1992)는 치료자가 공감한다는 것은 단순히 내담자의 느낌을 반영하거나 내담자의 표현을 바꾸어 말하는 것이 아니라, 일반적으로 한 발 더 앞서서 내담자 자신의 경험을 분화하고 통합하도록 적극적으로 촉진시키는 것이라고 보았다. 이러한 맥락에서 Rogers의 공감반응은 '해석'의 뚜렷한 특질을 포함하고 있으며, 따라서 치료적 공감의 개념과 정신역동적 해석의 개념은 두 접근이 함께 공유할 수 있는 공통 근거를 갖고 있는 것으로 보았다.

Bohart(1991)는 내담자중심 치료자들이 내담자가 순간순간 자신의 내적 경험에 경청하는 것을 학습하도록 돕는다면, 내담자들은 그들의 역동 안에서 통찰을 얻을 수 있다고 하였다. 그러므로 상담 실제에서 내담자중심 치료에서의 공감과 자기심리학에서의 공감 간의 차이는 강조의 문제이지 본질적으로 공감적 조력 과정은 같다라고 보았다. 이는 Bohart 역시 이장호와 견해를 같이하는 것으로 볼 수 있다.

한편, Vanaerschot(1997)에 의하면, 많은 사람들이 인간중심 접근에서는 치료적 작업을 할 수 있는 분위기 창조를 위해서 핵심적인 치료적 조건들이 필요한 것으로 인식되어 왔다. 이러한 맥락에서 보면, 공감적 경청은 단지 내담자의 방어를 감소시키고 작업 동맹을 강화시키기 위한 수단이 된다. 그러나 이럴 경우 공감의 역할은 단지 직면이나 해석을 위한 관계적 맥락을 제공하는 것으로만 제한될 위험이 있다. 이는 공감의 본질을 간과하는 것이기 때문이다.

이상에서 공감을 태도로서의 공감, 공감의 원리, 치료적 동인으로서의 공감, 그리고 공감과 해석 등에서 살펴보았다. 상담자로서 우리는 상담자와 내담자 간의 만남의 결과, 내담자가 좀 더 독립적이 되고, 통합되고, 그리고 성숙하기를 희망한다. 인간중심 접근에서의 공감은 심리치료, 임상 작업, 그리고 일반적인 대인관계에서 지대한 공헌을 하였다. 또한 Rogers는 공감반응과 공감 과정의 중요성에 대한 기초를 제공했으며, 이와 더불어 공감에 대한 Rogers의 개념화는 새로운 탐색과 의미를 찾으려는 출발선상에 놓여 있다(Bozarth, 1997).

한편 고전적인 정신분석학에서의 공감은 일차적인 치료적 변수가 아닌 치료를 위한 배경변수로 본다. 그러나 자기심리학의 Kohut는 공감을 일차적인 치료적 변수로 본다. 따라서 공감에 대한 자기심리학의 Kohut의 관점은 Rogers의 관점에 수렴하고 있다고 할 수 있다. 본 연구자 역시 Rogers나 Kohut와 마찬가지로 공감을 일차적인 치료적 변수로 본다.

2.3 체험수준의 변화 과정

체험의 개념을 처음으로 공식화한 사람은 Gendlin(1962)이다. Gendlin(1964)은 "체험하는(experiencing)"이라는 개념을 체험 과정의 특질(process-quality)을 강조하기 위하여 도입하였다. 그는 성공적인 내담자의 경우, 그들이 어떻게 탐색을 진행시키는지에 대하여 집중적으로 연구하였다. Gendlin이 기술하는 체험 과정은 상호작용 과정으로 두 수준이 있다(Vanaerschot, 1997).

첫째, 상황에 대해 신체적으로 느껴진 함축적인 느낌의 수준이다. 이는 신체적인 삶에 대한 느낌이며, 유아가 언어로 상징화할 수 없었던 전언어적(preverbal) 단계의 포괄적인(global) 신체적, 함축적, 그리고 느껴진 의미다(Gendlin, 1964). 신체와 상황 간의 상호작용이 함축적이기 때문에 신체적으로 느껴진 의미는 전 개념적이고 미분화되어 있다. 그것은 말없이 아는 것이고, 말보다 앞서 아는 것이다. 함축적이란 말은 신체적인 느낌, 그 상황에서 자신에 대한 느낌이 분명하지 않은 많은 것을 함축하고 있으며, 표현의 압력을 받는 어떤 것을 내포하고 있다는 의미에서이다. 함축적 의미는 불완전하고 미해결 된 어떤 의미이기 때문에 언어적 상징을 통하여 완전해지기를 바란다.

둘째, 첫 번째 수준에 이어서 일어나는 두 번째 수준은 신체적인 느낌과 상징이 하나가 되는 것이다. 이는 전 개념적, 함축적, 그리고 불완전한 의미로부터 어떤 분명한 의미가 형성되는 것을 말한다. 두 번째 수준의 상호작용이 일어나게 되면, 함축적인 것은 새롭고 좀 더 복잡한 방식으로 경험되는데, 이는 지금 그것이 이해되고 있기 때문이다. 적절한 언어로 상징화되고 새로운 의미가 형성되면, 그 상황에서의 자기 자신에 대한 새로운 함축적인 느낌을 형성하게 된다. 이와 같이 체험은 상황에 대한 여러 감정들이 인식되고 적절한 언어로 상징화되는 과정을 통하여 진행되고 완성된다. 즉 체험은 신체적인 느낌을 명료화시켜 분명히 함으로써 완성된다(Gendlin, 1964).

Rogers(1980)는 자신의 이론을 공식화하는데 Gendlin(1962)의 체험의 개념을 도입하였다. Rogers(1961)는 성격 변화의 과정 개념을 발달시켰고, 연속적인 변화 과정의 7단계를 제시하였다. 대체적으로 내담자는 이 연속선의 어느 단계에 있다. Rogers가 말하는 변화 과정의 7단계를 제시하면 다음과 같다.

1단계: 경험이 흐르지 않고 자기 것으로 체험되지 않으며 자발적으로 치료에 온 것 같지 않다. 자기를 표현하려는 의지가 없으며 외적인 것에 대해서만 표현한다. 경험하는 태도가 구조에 묶여 있으며(structure-bound), 경험에 대한 개인적인 의미의 변별이 미숙하고 총체적이며 주로 흑백 논리적이다. 문제는 전적으로 외부적인 것으로 지각되며 자아와 경험 간의 내적 의사소통이 많이 차단되어 있다.

2단계: 내담자가 충분히 수용 받는 경험을 하게 되면 2단계로 옮아간다. 비자기적인 주제가 표현되고 문제가 외부적인 것에서 자기 것으로 지각된다. 문제에 대한 책임감이 없으며 느낌은 비소유적이고 경험은 과거 구조에 묶여 있다. 개인적인 의미와 느낌에 대한 변별은 매우 제한적이고 포괄적이다. 모순된 표현에 대한 인식이 거의 없다. 자발적으로 찾아오는 대부분의 내담자들은 이 단계에 있다.

3단계: 내담자가 자신으로써 충분히 수용되고 있다고 느끼면 상징적인 표현들이 더욱 흐르게(flow) 된다. 훨씬 더 자유롭게 자신과 자기 관련 경험을 대상으로 표현한다. 지금 현재가 아닌 과거 느낌과 개인적인 의미에 대한 표현이나 기술이 많다. 느낌을 거의 수용하지 않으며, 대부분의 경우 느낌은 부끄럽고, 나쁘고, 비정상적이고, 그리고 받아드릴 수 없는 어떤 것이다. 느낌이나 의미에 대한 변별은 이전 단계보다 더 잘 이루어지며 덜 포괄적이다. 경험의 모순에 대해 인식한다.

4단계: 느낌이 좀 더 자유롭게 흐른다. "지금 현재"는 아니지만 다양한 것들에 대하여 좀 더 강렬한 느낌으로 기술한다. 즉시적인 현재에서 느낌을 경험하는 경향이 있긴 하지만 이러한 느낌의 수용에는 열려 있지 않으므로 두려움을 느낀다. 경험은 과거 구조에 덜 묶여 있으며, 느낌이나 개인적인 의미에 대한 변별이 증가하고 정확하게 상징화하려는 경향을 나타낸다. 경험과 자기 간의 모순과 불일치에 대해 관심이 있다.

5단계: 느낌이 현재에서 자유롭게 표현된다. 치료자와 내담자의 관계에 대한 느낌이 공개적으로 표현된다. 느낌은 충분히 경험되어 흘러나오는데 내담자는 이를 두려워하고 놀라워한다. 자기감정과 "실제적인 나(real me)"를 더욱 수용한다. 경험은 더 이상 멀리 있지 않고 경험이 해석되는 방식 또한 유연하다. 개인적인 구인들에 대하여 비판적으로 검토하고 의문을 던지며 신선한 것들을 발견한다. 느낌과 의미의 변별이 좀 더 정확해지고 분명해지는 경향이 있다. 경험의 모순과 불일치에 대해 점점 더 분명하게 직면한다. 당면 문제에 대한 자기 책임감을 받아드리고 이 문제에 자신이 어떻게 공헌해 왔는지에 대한 관심이 증가한다. 경험을 더욱 잘 변별하고 자기 내의 대화, 내적 의사소통이 증가한다.

6단계: 이전에는 막히고 억제되어왔던 느낌이 지금 즉시적으로 경험되고 수용된다. 대상으로서의 자기가 사라지고 내가 나를 사랑하고 돌보는 데 관심을 갖게 된다. 내적 의사소통이 자유롭고 비교적 막혀 있지 않다. 경험과 자각 간의 불일치가 생생하며 경험을 분명하게 변별한다.

7단계: 새로운 느낌이 치료 안팎에서 즉시적으로 풍부하게 경험된다. 과정에 대한 기본적인 믿음이 자신 안에서 자라고 계속된다. 경험은 더 이상 구조에 묶여있지 않으며 과정적이다. 상황이 현재에서 새롭게 경험되고 해석되며 주관적인 경험에 대한 반영적인 자각이 증대된다. 유기체적 신뢰를 가지고 느낌들을 수용하며 그의 느낌을 산다. 경험에 대한 개인적인 의미를 정확하게 변별하고 느낌과 상징 간을 잘 부합시키며, 여러 내적인 측면들 간의 의사소통이 막혀 있지 않고 자유롭다. 다른 사람과의 의사소통도 자유로우며 사람에 따라 다르게 관계한다.

연속선의 낮은 단계에서는 내담자의 느낌이 먼 것, 비소유적인 것, 그리고 지금 존재하지 않는 것으로 기술된다. 높은 단계로 갈수록 느낌은 즉각적이고 수용되는 것으로 기술된다. 도움을 받으러 오는 내담자들은 대개 연속선의 3단계에 있으며 심리치료를 구성하는 대부분의 단계는 4, 5단계이다. 과정은 불규칙적으로 앞으로 나아간다. 때론 과정이 약간 후퇴하기도 하고, 때론 앞으로 나아가지 않는 것처럼 보이기도 하지만 결국 앞으로 나아간다. 상담과 심리치료 과정에서 6단계는 매우 결정적으로 중요한 단계인데, 이는 내담자의 체험이 즉시적이고 충분해서 그 체험이 내담자의 자기 개념 속으로 수용되는 순간이기 때문이다. 6단계의 체험은 그 이전 단계로 되돌아가지 않는 경향성을 가진다. 따라서 6단계의 내담자는 치료자의 별 도움 없이도 최종 단계인 7단계로 들어간다. 경험은 더 이상 과거 구조에 묶여있지 않고 과정적이 된다. 즉 상황이 과거로써가 아니라 현재에서 새롭게 경험되고 해석된다. 따라서 실제 치료 과정에서 7단계를 성취하는 내담자는 극히 드물다.

Gendlin은 질적으로 의미 있는 체험이 성격 변화의 준거(a referent)가 된다리고 보았다(Rogers, 1961). 결국, 변화는 체험이 진행되는 많은 단계들을 통하여 일어난다.

2.4 선행 연구

치료적 상황에서 공감은 가장 효과 있는 변인들 중의 하나이다 (Carlozzi, Bull, Eells, & Hurtburt, 1995; Gladstein, 1983; Karlsberg & Karlsberg, 1994; Wispé, 1987). 공감과 상담성과 간의 관계는 특히 인본주의 접근에서 유명하지만(Peabody, & Gelso, 1982), 다양한 형태의 개인 심리치료에서도 중요한 요소이다(Karlsberg, & Karksberg, 1994).

1957년 Rogers가 내담자의 긍정적인 변화를 위한 "필요충분조건"을 상담자의 공감, 무조건적인 긍정적 존중, 그리고 일치성으로 제시한 이래, 1960대와 1970년대에는 이를 검증하려는 연구들이 많이 이루어졌다 (McWHIRTER, 1973; Gladstein, 1983; Miller, 1989; Bozarth, 1993; Bohart & Greenberg, 1997; 유정이, 1990; 이장호, 1992). Rogers(1957) 는 "치료적 성격 변화를 위한 필요충분조건"이라는 그의 논문에서 내담자의 성격 변화를 위해서, 상담자나 치료자가 어떤 태도로 내담자에게 반응해야 하는지에 대한 것들을 이론화하였다. 또한 상담과 심리치료 과정에서 변화를 가져오는 기본적인 요소들에 대한 종합적이고 체계적인 개념들을 제공하였다.

Rogers와 그의 동료들이 1950년에서 1954년까지 시카고 대학에서 행한 심리치료와 성격 변화 간의 관계에 대한 방대한 연구를 통하여 내린 몇 가지 결론은 다음과 같다(Rogers, 1961). 첫째, 치료 동안과 후에 내담자의 지각된 자아에 깊은 변화가 일어난다. 둘째, 내담자의 성격 특성과 성격 구조에 건설적인 변화가 일어나고, 이러한 변화는 내담자의 성격 특성이 좀 더 잘 기능하도록 한다. 셋째, 변화는 통합과 적응의 방향으로 일어난다. 넷째, 치료 동안과 후에 관찰된 내담자의 행동은 좀 더 사회화되어 있고 성숙되어 있다. 요약하면, 상담과 심리치료 후에 내담자에게 자기 개념의 변화가 일어난다.

Rogers(1980)는 공감 연구에 기초한 일반적인 몇 가지 진술을 다음과 같이 내리고 있다. 첫째, 이상적인 치료자는 공감적이다. 둘째, 공감은 내담자의 자기 탐색, 과정 진행(process movement)과 관련되어 있다. 셋째, 초기 관계에서의 공감은 치료의 성공을 예언한다. 넷째, 내담자는 성공적인 치료에서 더 많은 공감을 지각한다. 다섯째, 경험 있는 치료자일수록 더 공감적이다. 여섯째, 공감은 관계의 특수한 자질이고, 치료자는 친구보다 더 많은 것을 제공한다. 일곱째, 통합된 치료자일수록 수준 높은 공감을 표현한다. 여덟째, 경험 있는 치료자라 하더라도 정확한 공감을 하지 못하는 경우가 있다. 아홉 번째, 치료자보다 내담자가 공감의 정도를 더 잘 판단한다. 열 번째, 치료자의 명석함과 진단은 공감과 관계가 없다. 열한 번째, 공감적인 사람으로부터 공감하는 방법을 학습할 수 있다.

상담과 심리치료에서 공감의 효과는 Truax와 Carkhuff(1967)에 의해서도 잘 제시되었다. 1970년대 후반에 Truax와 그의 동료들(Truax & Carkhuff, 1967; Truax & Mitchell, 1971)은 공감에 대한 축적된 연구들을 근거로 공감과 치료적 성과 간의 관계를 제시하였다. 치료자 공감과 상담성과에 대한 초기 연구는 매우 고무적이었다. 공감 연구에 대한 개관 논문에서 Truax와 Mitchell(1971)은 상담 녹음 기록을 사용하여 연구한 결과, Rogers의 세 가지 치료적 조건인 존중, 공감, 그리고 일치성이 긍정적인 치료 성과와 높은 상관이 있음을 주장하였다. 여기에서 그들은 상담자가 공감을 의사소통하는 것과 내담자 변화 간의 관계를 지지하는 수많은 연구들을 인용하고 있는데(Carlozzi, Bull, Eells, & Hurlburt,

1995), 초기의 내담자중심 심리치료 연구는 너무 포괄적인 결론을 내리고 있다. 즉 내담자나 치료자가 누구이건 간에, 어떤 형태의 치료이건 간에 치료자의 수준 높은 공감이 치료적 성과를 향상시킨다고 결론지었다(Goldstein & Michaels, 1985). 그러나 객관적인 녹음테이프를 사용한 후속 연구들의 분석은 좀 더 조심스런 결론을 내리게 한다. Mitchell et al(1977)에 의하면,

첫째, 공감과 성과 간의 관계는 내담자중심 접근에서 지지되는 것이었다. 즉, 정신역동적 치료와 행동주의 치료에서는 치료자의 공감과 내담자의 성공 간에 관계가 있음을 발견하지 못하였다. 이러한 관계의 부족에 대한 부분적인 이유는 Truax가 내린 공감의 정의는 공감적 반영을 의미하는 경향이 있기 때문이라고 보았다. 이는 공감을 표현하는 방법이 다른 치료적 접근보다 내담자중심 접근에 더 적절하기 때문에, 내담자중심 접근에서 공감과 치료적 성과 간의 관계가 더 높은 것이라 할 수 있다.

둘째, Truax와 Mitchell이 1971년에 사용한 자료를 재분석한 결과, 그들이 주장했던 것보다 공감과 성과 간의 관계가 더 불일치하는 것으로 나타났다(Mitchell et al., 1977).

이러한 재분석으로부터 끌어 낼 수 있는 전반적인 결론은 일반적인 치료적 조건, 특히 공감과 치료적 성과 간의 관계가 정적이긴 하지만 본래 생각했던 것보다 낮다는 것이다. 즉 세 가지 치료적 조건이 필요충분 하다는 주장은 지지되지 않는 것으로 나타났다(Mitchell et al., 1977). 그러나 이러한 결론에 대하여 Patterson(1984), Watson(1984)과 같은 인본주의자들은 Truax가 상담 녹음테이프로 공감, 존중, 그리고 진실성을 객관적으로 평정한 것이 Rogers의 "필요충분조건"을 적절히 측정한 것이 아니라고 반박하였다(Gurman, 1977).

Gladstein(1977)은 공감과 상담성과 간의 관계를 연구한 여섯 개의 연구를 분석하였다. 그 결과, 세 연구는 관계가 없고 두 연구는 정적 관계가 있는 것으로 나타났다. 나머지 한 연구에서는 두 개의 측정 도구를

사용하였는데, 한 도구에서는 정적 관계가 발견되었으나 다른 한 도구에서는 발견되지 않았다.

이상에서 살펴 본 바와 같이 공감과 상담성과 간의 관계는 계속 논란이 되어왔고(Gladstein, 1970, 1977), 지금도 계속되고 있다. 이러한 논란은 각 연구마다 공감적 이해를 측정하는 도구와 바람직한 상담성과에 대한 정의가 다르기 때문에 일어나는 것이다. 이와 같은 이유 때문에 1980년대에는 공감에 대한 연구가 감소하였고(Bohart & Greenberg, 1997), 이러한 추세는 1990년대까지 지속되었다. 그러나 최근에는 공감 연구의 복귀를 주장하는 학자들(Duan & Hill, 1996)이 등장하고 있다.

좀 더 최근에 이루어진 공감 연구들을 살펴보면 다음과 같다.

Bachelor(1988)는 내담자들에게 그들이 경험한 공감을 보고하도록 하였다. 내담자들이 보고한 공감에는 네 가지 유형이 있었다. 즉 인지적, 정의적, 공유하는, 그리고 양육적 공감 등이었다. 내담자들은 공감이 자기-타당화, 자기 탐색의 촉진, 그리고 안전감과 지지감을 제공한다는 여러 가지 이유 때문에 도움이 된다고 보고하였다.

Sachse(1990)는 내담자 과정의 깊이를 연구하였다. 그는 치료에서 내담자 과정을 표면적인 수준에서 "깊은" 수준까지 평정하는 척도를 개발하였다. 그는 치료자의 반응이 내담자의 수준보다 복잡하지 않거나 더 피상적인 경우, 이러한 치료자의 반응은 내담자를 더 깊은 과정으로 이끌지 못한다는 것을 발견하였다. 그러나 그는 치료자의 공감적 반응의 질이 내담자의 탐색 반응을 깊게 할 수 있다고 결론지었다. Heck과 Davis(1973)의 연구에서도 역시 복잡한 개념 수준(conceptual complexity level)을 가진 상담자일수록 더 높은 수준의 공감을 표현하는 것으로 나타났다.

Brodley와 Brody(1990)는 Carl Rogers의 공감적 이해 반응을 연구한 결과, Rogers 반응의 92%가 내담자에 대한 이해를 검토(check)하는 공감적 검토 반응이었음을 발견하였다. 내담자의 표현을 그가 이해했는지를 검토한 사례들 중 99%에서 그가 치료자로서 내담자를 이해했다는 확신을 내담자들로부터 받았고, 느낌 단어를 사용한 공감반응은 단지 24%임을 발견하였다. 따라서 Brodley와 Brody는 내담자중심 작업이 느낌에 초점을 맞추는 것이라기보다는 "치료자가 내담자의 세계를 지각하고 개인적인 의미를 이해하는 것을 목표로 한다고 말하는 것이 더 정확할 것 같다"고 주장하였다.

Greenberg와 Elliott(1997)는 공감의 유형과 치료적 의도 간의 관계를 연구하였다. 그는 공감 유형을 공감적 칭찬(empathic prizing), 공감적 탐색(empathic exploration), 그리고 환기적 공감반응(evocative empathic response)으로 나누고 이를 치료의도와 관련시켰다. 그 결과 공감적 칭찬은 매우 상처받고 있다고 느끼는 내담자를 돕는 데 사용될 수 있고, 공감적 탐색은 내담자가 자신의 경험을 탐색할 준비가 되어 있는 경우에 사용 가능하며, 그리고 환기적 공감은 내담자의 문제 반응을 훈습 하도록 돕기 위하여 경험을 이끌어 내려고 할 때 사용 가능하다고 하였다.

Stubbs와 Bozarth(1994)는 40년 이상의 심리치료 성과 문헌들을 질적 분석한 결과, 상담성과와 지속적으로 관련이 있는 것은 Rogers(1957)의 치료적 성격 변화를 위한 필요충분조건이라고 결론지었다(Bozarth, 1997).

Orlinsky와 그의 동료들(1994)은 수년에 걸쳐 이루어진 115개의 연구를 분석한 결과 54%의 연구가 공감과 성과 간의 정적 관계를 보여주었다고 결론지었다(Bohart & Greenberg, 1997).

한편 국내에서 이루어진 공감 연구들을 살펴보면 다음과 같다.

정방자(1985)는 정신역동적 상담과정에서 상담자와 내담자 간의 언어반응의 변화를 분석하는 연구에서, 내담자의 치료적 변화에 중요한 지표가 되는 부정적인 감정 표현이 상담자의 '반영' 반응에 의해 가장 많이 유발됨을 밝혔다.

이은경(1988)은 공감적 이해와 상담 효율성 간의 관계 분석을 위한 모의상담 연구에서 상담과정과 상담성과 간에 공감적 이해가 중요한 매개적 변인임을 밝혔다.

문현미(1989)는 Barret-Lennard의 3단계 공감 모델에 따라 공감을 상담자가 느낀 공감, 표현된 공감, 그리고 내담자가 지각한 공감의 3단계로 나누고, 이를 상담의 효율성과 관련지어 보았다. 그 결과 내담자가 상담자의 공감을 지각할수록 순조롭고 깊이 있는, 즉 효율적인 상담으로 평가하는 것으로 나타났다.

유정이(1990)는 상담자와 내담자 간의 언어 상호작용과 공감적 이해의 지각 간의 관계를 연계 분석한 연구에서, 내담자의 경험반응에 상담자가 가벼운 격려 반응을 보이는 언어 상호작용이 상담자와 내담자가 공감적 이해를 지각하는 것과 관련되어 있음을 밝혔다.

김영석(1993)은 모의상담으로 공감과 직면의 반응순서가 상담성과에 미치는 영향을 연구한 결과, 상담자가 공감-직면 순서로 반응하는 것이 직면-공감 순서로 반응하는 것보다 관찰자가 공감을 더 많이 지각하는 것으로 나타났다.

박성희(1996)는 공감의 구성요소와 친사회적 행동 간의 관계를 알아보는 연구에서, 조망 취하기, 상상하기, 공감적 각성, 그리고 공감적 관심 등과 같은 공감의 구성요소들이 도움 행동에 상당한 영향을 미침을 밝혔다. 또한 박성희(1997)는 공감의 특성과 이타행동 간의 관계를 알아보는 연구에서 공감적 고통이 이타행동을 촉발하는 매우 중요한 정서기제임을 밝혔다.

국내 상담 연구에서는 공감이 상담성과와 관련이 있는지를 밝히려는 연구들이 주로 이루어지고 있으며, 최근에는 사회심리학자들에 의해 공감과 친사회적 행동 간의 관계를 밝히려는 연구들도 이루어지고 있음을 알 수 있다.

이상에서 제시한 선행 연구들에서 볼 때 전반적으로 공감과 상담성과 간에 관계가 있음을 보고하고 있지만, 이러한 연구들로부터 끌어낼 수 있는 가장 분명한 결론은 공감이 실험적으로 나타내기 어려운 현상이라는 것이다(Wispé, 1986). 상담과 심리치료라는 같은 기능적 맥락 내에서 조차도 공감에 대한 개념과 조작적 정의에 대한 합의가 이루어지지 않고 있다(Redmond, 1989). 실험적 공감은 최소한 세 가지 측면의 문제를 깆 누다. 첫째, 공감 용어의 모호성이다. 둘째, 공감의 조작적 정의에 대한 불일치성과 불명확성이다. 셋째, 조작적으로 정의한 공감을 연구에서 실 제로 측정하고 있는지에 대한 의문이다. 문제의 요점은 공감이 보통 사 용되는 말이기는 하나, 공감의 구인과 과정에 대해서는 심리학자들 간에 불일치가 존재한다는 것이다. 그 결과 공감이 다르게 다루어지는 한 가 지 개념인지 두 가지 이상의 개념을 가진 복합적인 것인지를 알기 어렵 다는 것이다(이은순, 1991; 박성희, 1994; Bohart & Greenberg, 1997; Gladstein, 1983; Redmond, 1989; Wispé, 1986).

공감의 정의와 측정 도구로 인하여 경험적 증거들 간에 불일치가 존재 하긴 하지만, 상담과 심리치료에서 상담자나 심리치료자가 계속해서 공 감을 사용하고 있다는 것은 공감의 치료적 역할을 인정하고 있다는 것을 말한다. 이와 더불어 다른 철학적, 이론적 관점에서 내려진 공감의 정의 와 이를 기초로 하여 만들어진 공감 측정 도구를 사용한 연구 결과들 간 에 불일치가 존재한다는 것 또한 그리 놀라운 일이 아니다(Gladstein, 1983).

이상에서 살펴본 바와 같이 공감의 효과에 관한 많은 연구들의 결론에 있는 공통적인 맥락은 내담자가 상담자의 따뜻하고 수용적인 공감적 이 해를 경험하게 되면, 내담자 자신의 성장-촉진적인 태도들이 발달하게 된다는 것이다(Bozarth, 1997).

제3장 연구 방법 및 절차

3.1 연구 대상

3.1.1 내담자

본 연구에서는 대학교 학생상담소를 자발적으로 찾아와 상담을 신청한 학생들 중 본 연구에 필요한 질문지, 심리검사, 그리고 녹음을 수락한 내담자들 중에서 합의 종결한 두 사례가 사용되었다. 앞으로 이들 두 사례는 임의적으로 각각 사례 A, 사례 B로 부르기로 한다. 사례 A와 B는 각각 30회기로 합의 종결되었다.

사례 A는 만 27세의 여대생으로 "자주 우울하고 자신이 없다. 자신감을 갖고 싶다"며 상담 신청을 하였다. 상담자와 내담자가 합의한 목표는 대인관계에서의 자신의 판단과 생각이 합당한지를 검토하는 것과 무가치감에서 벗어나 자신을 사랑하게 되는 것이었다. 상담은 1997년 5월 28일부터 시작하여 같은 해 9월 29일에 종결되었다. 상담은 내담자가 오지 않은 경우를 제외하곤, 대체적으로 주 2회 상담이 이루어졌다. 상담 전에 실시한 MMPI 결과, 타당도 척도(L, F, K)가 다소 가파른 피라미드 형태(44-64-39)를 보였는데, 이는 내담자가 문제의식을 갖고 있고 자신에 대한 지각이 상당히 부정적임을 시사한다. 임상 척도 8번(정신분열증 Sc, 79점)과 7번(강박증 Pt, 68점)의 상승은 이 내담자가 생각이 복잡하며, 자신의 문제를 솔직히 시인하나 적절한 해결 방안을 찾지 못하고 현실회피적이며, 만성적인 불안정감, 부적절감, 그리고 열등감을 지니고 있으며, 타인과 친밀한 대인관계 형성을 어려워하는데, 그 중에서도 이성관계

에 어려움이 있음을 시사한다(김중술, 1996). SCL-90-R상으로는 공포
불안 척도가 68점으로 가장 높았고, 그 다음으로 높은 것은 신체화와 편
집증이었는데, 모두 65점이었다.

사례 B는 만 22세의 남학생으로 급한 성격과 말더듬을 고치고 싶다며
상담 신청을 하였다. 무대에서는 말을 잘 하지만, 특히 윗사람 앞에서 1
대 1로 말을 할 때 심하게 더듬는다고 하였다. 상담은 1997년 5월 20일
부터 시작하여 같은 해 12월 23일에 종결되었다. 내담자가 방학 중 한
달 동안 외국에 나가 있던 기간과 상담에 오지 않은 회기를 제외하곤 대
체적으로 주 2회 상담이 이루어졌다. 상담 전에 실시한 MMPI 결과 70
점을 넘은 척도는 없었고, 가장 높은 척도는 6번(편집증 Pa, 65점)이었
고 그 다음으로 높은 척도는 4번(반사회성 Pd, 62점)이었다. 6-4 타입의
사람들은 미성숙하고 자기도취적이며 적개심을 어느 정도 통제하다가 가
끔씩 폭발적으로 터트리며 분노의 원인을 항상 외부에 전가하는 특성이
있다. 또한 억압된 분노가 특징적인데 특히 권위적인 대상에 대해 그러
하며 권위에 손상을 입히려 한다. 자신의 문제를 부인하고 행동을 합리
화하며 타인을 비난하고 정서적 관계 형성을 회피하는 것으로 보고되고
있다(김중술, 1996). SCL-90-R의 결과는 대인예민성과 적대감이 각각
66점과 70점으로 가장 높게 나타났다.

3.1.2 상담자

상담자는 40대 초반의 여성으로 대학교 학생상담소에서 상담자로 활동
하고 있다. 이 연구에 사용된 두 개의 상담 사례는 모두 한 상담자가 상담
한 사례이다. 이 상담자는 상담 관련학과에서 박사 학위를 취득하였고, 한
국심리학회 산하 상담심리학회가 인정하는 상담심리전문가(현 상담심리사
1급) 자격증과 임상심리학회가 인정하는 임상심리전문가 자격증을 취득하

였다. 상담 경력은 약 15년 정도이며, 이 상담자가 주로 사용하는 이론적 접근은 정신역동적 접근을 위주로 하는 절충적인 접근으로 보고되었다.

3.2 연구 도구

3.2.1 다차원적 공감반응 척도(Multidimensional Response Empathy Scale, 부록 1)

Elliott 등(1982)이 개발한 공감 척도로서 상담자의 공감을 8개의 차원에서 측정한다. 이 8개의 차원에는 내담자 감정, 인지적 추론과 명료화, 화제의 핵심성, 표현력, 협력, 말 허용하기 대 압도하기, 탐색, 그리고 탐색의 영향력 등이 포함되며, 각각의 차원은 0점에서 4점까지 평정된다. 또한 8개의 차원에서 평정된 점수의 합을 측정된 공감으로 본다. 이 척도는 문현미(1989)가 번안한 것을 일차 자료로 하고, 본 연구자가 이를 원 척도와 대조한 다음 다소 수정하여 사용하였다. 문현미의 연구에서 이 척도의 신뢰도 계수(Cronbach's α)는 .98이었다. 본 연구에서 신뢰도 계수(Cronbach's α)를 산출해 본 결과, 평정자 1의 경우에는 .87, 평정자 2의 경우에는 .84로 나타나 높은 신뢰도를 보였다. 이 척도의 상세한 내용은 부록 1에 제시되어 있다.

3.2.2 체험 척도(Experiencing Scale, Klein, 부록 2)

체험척도(Klein, Mathieu, Gendlin, & Kiesler, 1970, 1986)는 모든 치료적 입장에서 중요한 목표 중의 하나로 가정하고 있는 자기 관여

58

(self-involvement) 및 자기 자각(self-awareness)의 측면에서 내담자 수
준의 변화를 평정하기 위해 고안된 것이다. 낮은 수준에서는 비감정적, 추
상적, 그리고 피상적으로 얘기하며, 상담자와의 상호작용에 별 관심을 보
이지 않고 경직된 조망을 갖는 반면, 높은 수준에서는 순간순간의 변화하
는 개인적 감정과 내적 체험에 초점을 두고 자발적인 탐색을 통해 이를
명확히 자각하며, 그리고 이러한 새로운 자각들을 서로 통합 발전시켜 나
가는 특성을 보인다(Klien, Mathieu, Gendlin, & Kiersler, 1986). 이 척도
는 내담자가 표현한 각각의 언어적 반응 속에 나타난 내담자의 감정과 개
인적인 의미(feeling and personal meaning)를 제3의 평정자가 평정함으로
써, 치료자 개입의 즉시적인 효과와 내담자의 치료적 변화 수준을 객관적
으로 살펴볼 수 있다는 장점을 갖는다. 본 연구에서는 문형춘(1993)이 번
안한 것을 사용하였다. 이 척도의 상세한 내용은 부록 2에 제시되어 있다.
  Klein 등(1970)은 이 척도를 개발한 후, 많은 연구에서 이 척도를 사
용하여 상담과정을 측정하였다(Klein 등, 1986).

3.2.3 회기 평가 질문지(Session Evaluation Questionnaire: SEQ, 부록 3과 4)

  Stiles(1980)와 Stiles & Snow(1984)가 상담 회기성과를 측정하기 위
하여 개발한 도구이다. 우리나라에서는 오경희(1986)와 최윤미(1987)가
이 척도의 신뢰도와 타당도를 검증하였고, 이상희와 김계현(1993)에 의
해 재타당화 작업이 이루어졌다. 이상희와 김계현(1993)이 보고한 이 도
구의 내적 합치도(Cronbach's α)는 내담자 깊이 .84, 내담자 순조로움
.90, 상담자 깊이 .88, 그리고 상담자 순조로움이 .85로 보고되었다. 이 연
구에서 보고된 척도의 신뢰도는 .84~.90으로 양호하다고 할 수 있다. 또
한 상담 회기 평정 지수에 영향을 미치는 요인에는 상담자, 내담자, 그리

고 회기 자체가 있다. 이상희와 김계현(1993)의 연구에서는 이 세 요인의 변량원 분석 결과, 회기 자체가 63.31~96. 10%(평균 79. 12%)의 변량을 차지하는 것을 나타났다. 따라서 이 척도가 상담자나 내담자의 특성이나 반응 경향성보다는 회기 자체의 차이를 평정에 반영하는 척도임을 밝힘으로써 이 척도의 타당도를 입증하였다.

본 연구에서의 신뢰도 계수(Cronbach's α)를 산출한 결과(표 1), 상담자 및 두 평정자의 신뢰도 계수는 높게 나타났다.

표 1. 상담회기평가 질문지의 신뢰도 계수(Cronbach α)

SEQ	상담자	평정자 1	평정자 2
순조로움	.94	.93	.91
깊 이	.85	.98	.94

이 질문지는 상담의 한 회기 동안 내담자가 경험한 깊이(depth)와 순조로움(smoothness)을 측정하는 두 개의 소척도로 구성되어 있으며, 각 소척도는 5쌍의 양극 형용사를 7점 척도상에 평정하도록 되어 있다.

3.2.4 상담성과의 측정

상담성과는 다면적 인성검사(Minnesota Multiphasic Personality Inventory: MMPI), 간이정신진단검사(Symptom Checklist-90-Revision: SCL-90-R), 그리고 상담성과질문지(상담자용, 내담자용, 부록 5와 6) 등을 사용하여 측정하였다. MMPI의 신뢰도(Cronbach's α)는 .24에서 .87로 보고되었고(김영환 외, 1994), SCL-90-R의 신뢰도(Cronbach's α)는 .67에서 .89로 보고되었다(김광일 외, 1985). 상담성과질문지는 정남운(1998)이 작성한 것으로 내담자용은 11문항, 상담자용은 9문항으로 구성되어 있으며, 모두 7점 척도상에서 평정하도록 되어 있다.

이 도구들은 매 10회기가 끝난 직후에 실시되었고, 상담이 종결된 뒤 4 내지 6개월 후에 다시 측정되었다. 이 검사들은 지적인 측면을 측정하는 검사가 아니라 비지적인 측면을 측정하는 검사이다. 따라서 종결 직후 검사를 실시한 시점으로부터 추후검사를 실시할 때까지, 그 기간 동안 이 검사에 영향을 미칠 수 있는 학습이 일어나지 않았을 것으로 판단된다.

3.3 연구 절차

3.3.1 자료수집절차

상담자는 대학교 학생상담소를 자발적으로 찾아온 내담자들 3명에게 상담에 들어가기 전 MMPI와 SCL-90-R을 실시하고 녹음에 대한 동의를 구하였다. 매 회기 녹음을 하였고 매 10회기가 끝난 후 내담자들에게 MMPI, SCL-90-R, 그리고 상담성과질문지 등을 실시하였다. 상담이 종결된 다음 4 내지 6개월 후에 내담자들에게 MMPI, SCL-90-R, 그리고 상담성과 질문지 등을 다시 실시하였다. 상담자에게는 매 회기가 끝난 후 회기평가질문지가, 그리고 매 10회기가 끝난 후 상담자용 상담성과질문지가 실시되었다. 이 세 사례 중에서 사전, 사후에 실시한 MMPI와 SCL-90-R검사 결과에서 뚜렷한 변화를 보이는 한 사례와 변화를 보이지 않는 한 사례를 선정하여 본 연구에 사용하였다. 두 사례의 상담성과의 추이는 〈3.4 각 사례의 상담성과〉에서 별도로 상세하게 기술하였다.

사례 A 30회, 사례 B 30회 총 60회기에 대한 축어록이 작성되었다. 그러나 사례 A는 내담자가 14회기에서 50분 지각한 관계로 10분 동안만 상담하였으므로 이 회기는 연구에서 제외시켰다. 따라서 본 연구에 사용된 회기는 사례 A 29회, 사례 B 30회 총 59회기이다. 축어록은 침묵과 의성어까지 포함하여 있는 그대로 풀었으며, 정확성을 기하기 위하여 한 사람이 푼 것을 다른 사람이 녹음을 들으면서 다시 확인하였다.

3.3.2 평정자와 평정 절차

평정자는 상담 경험이 풍부하고 상담전공으로 박사과정을 수료하였으며 한국심리학회에서 인정하는 자격을 가진 상담심리전문가(현 상담심리사 1급) 두 명이었다. 두 명의 평정자에게 상담자의 다차원적 공감반응 척도, 내담자의 체험 척도 요강을 숙지하게 한 다음, 평정용 축어록을 가지고 1차적인 예비 평정을 하였다. 척도를 숙지하는 과정에서 척도에 대한 이해를 공유하기 위하여 토론하였고, 일차적인 예비 평정 자료를 가지고 평정한 결과를 서로 비교하였다. 평정을 다르게 했을 경우 서로 합의하여 다시 결정하였고, 3차에 걸친 예비 평정이 이루어졌다. 1차적인 예비평정 자료로는 본 연구자가 상담한 사례의 한 회기를, 2차적인 예비평정 자료로는 문현미(1989)의 논문에서 다차원적 공감반응 평정의 예로 실린 사례를 가지고 평정해 본 다음, 문현미의 논문에서 평정된 것과 비교해 보았다. 마지막 3차 예비평정은 본 연구에서 사용하지 않은 상담자 사례의 한 회기를 가지고 평정하였다. 그런 다음 본 연구에 사용할 축어록을 평정자들이 각각 독립적으로 평정하였다. 본 연구에 사용된 축어록은 59회기에 대한 완전 축어록이다. 평정 시 직접 자료인 녹음테이프를 사용하지 못하고 간접 자료인 축어록을 사용하여 평정하였다. 평정의 구체적인 예는 부록 7에 제시되어 있다.

평정자용 상담회기평가질문지는 본 연구의 목적을 모르는 상담전공 대학원생 두 명이 녹음을 들으면서 전 상담 회기를 평정하였다.

62

3.4 각 사례의 상담성과

최종성과는 MMPI, SCL-90-R, 그리고 상담성과질문지로 측정되었다.
성공사례 A와 비성공사례 B의 MMPI 측정 결과는 그림 1과 표 1에,
SCL-90-R 측정 결과는 그림 2에 제시하였다.

성공사례 A의 상담 전 MMPI 검사의 8-7(Sc-Pt; 정신분열증 – 강박증)

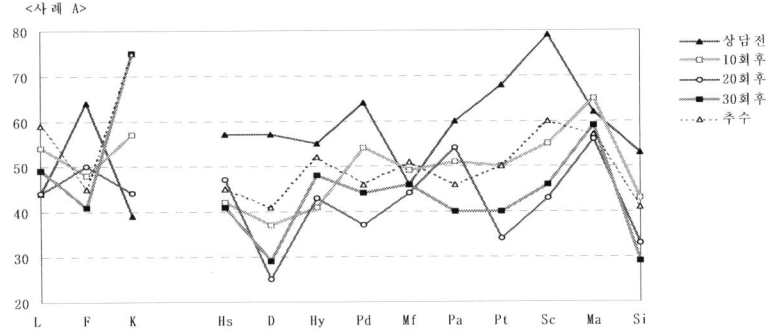

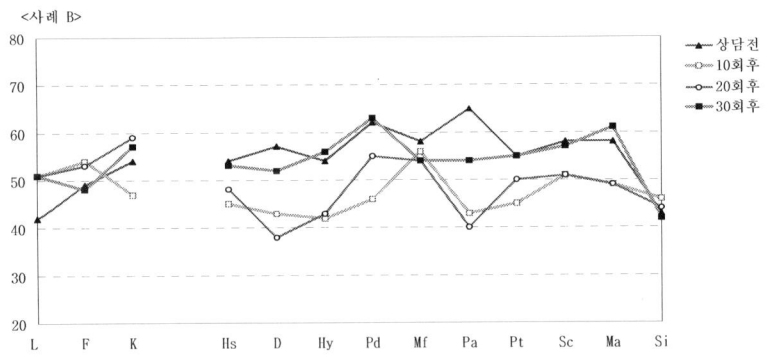

그림 1. 측정 시점에 따른 각 사례의 MMPI 결과

패턴은 10회기 이후에 더 이상 나타나지 않았다. 상담 직전과 종결 시의 점수를 비교해 보면, 8번 척도(Sc)는 79점에서 46점으로, 7번 척도(Pt)는 68점에서 40점으로 크게 낮아졌다. 또한 상담 직전의 다당도 척도(L, F, K)는 가파른 피라미드 형태를 보이다가 10회기 직후에 측정했을 때 형태가

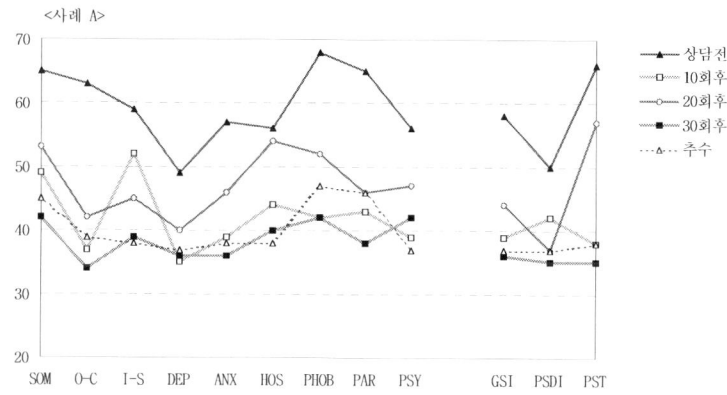

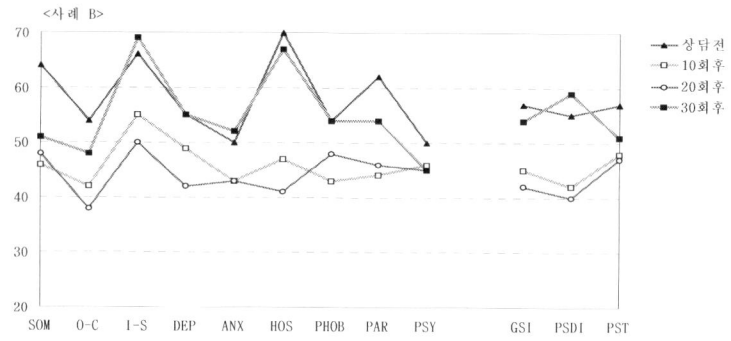

그림 2. 측정 시점에 따른 각 사례의 SCL-90-R 결과

변하였고, 20회기 직후와 종결 시, 그리고 추수검사에서는 확실한 "V"형 태를 보였다. 상담 직전 측정 시에 58점이던 2번 척도(우울증 D)가 20회 기 직후에는 25점, 종결 시에는 29점을 보임으로써 우울을 억압하고 상 대적으로 활동성을 증가시키는 듯 했으나, 4개월 후 추수검사에서는 모 든 척도가 40점에서 60점 사이에 분포하였다. 이는 사례 A의 종결 및 추수 시의 결과가 건강한 여대생의 프로파일임을 나타내는 것이다(그림 1). 또한 사전 측정에서 다소 약한 자아강도를 보이던 내담자가 10회기 직후와 20회기 직후의 측정에서 크게 상승하는 것으로 나타났으며, 30회 기 직후의 측정에서는 더 강해진 것으로 나타났다. 4개월 후 추수검사에 서도 비교적 높은 자아강도가 계속 유지되고 있었다(표 2).

표 2. 각 사례의 자아강도 T 점수

사 례	사 전	10회기 후	20회기 후	30회기 후	추 수
A	34	51	51	64	58
B*	49	54	61	51	-

* 사례 B는 추수면담에 오지 않았으므로 측정치가 없다.

SCL-90-R의 결과를 요약하면, 상담직전 측정에서는 공포 불안, 신체화, 편집증, 그리고 강박증 등의 척도가 60점 이상이었으나 점차 낮아져 종결 시에는 9개의 임상 척도가 모두 34점에서 42점 사이에 분포하였고, 이는 4 개월 뒤 추수검사에서도 그대로 유지되고 있는 것으로 나타났다(그림 2).

비성공사례 B의 상담 전 MMPI 측정 결과는 미약한 6-4(Pa-Pd; 편집 증-반사회성) 패턴을 보였다. 10회기 직후와 20회기 직후의 측정에서는 점수가 많이 낮아져 6-4 타입의 흔적이 사라지고 크게 호전되는 듯 하였 다. 그러나 종결 시 측정 결과는 6번 척도를 제외한 모든 척도들이 원래의 수준으로 되돌아갔다(그림 1). 이와 더불어 자아강도 점수 역시 10회기 직후와 20회기 직후 측정에서 상승하는 경향을 보이다가 30회기 직후의 측정에서는 사전 점수와 별 차이를 보이지 않는 것으로 나타났다(표 2).

SCL-90-R 결과 역시 상담 직전 측정에서 적개심 척도 70점, 대인예민성 척도 66점이던 것이 10회기와 20회기 직후에는 크게 낮아졌으나, 종결 시에는 상담 전 프로파일과 거의 유사하게 되었다(그림 2).

상담성과질문지로 상담자와 내담자의 만족도를 측정한 결과, 성공 사례 A에서는 내담자가 7점 만점에 6. 64로 상당히 높은 만족도를 보였고, 상담자 역시 6. 11로 높은 만족도를 보였다. 그러나 비성공사례 B에서 내담자는 5. 27, 상담자는 4. 11의 만족도를 보임으로써 성공 사례에 비해 낮은 만족도를 보였다. 이를 요약하여 표 3에 제시하면 다음과 같다.

표 3. 상담자와 내담자의 상담만족도 평균 점수

평정자	평정시점	사례 A	사례 B*
내담자	10회	6. 36	5. 18
	20회	6. 55	5. 64
	30회	6. 64	5. 27
	추수	7. 00	-
상담자	10회	4. 67	5. 44
	20회	5. 78	6. 56
	30회	6. 11	4. 11

* 사례 B는 추수면담에 오지 않았으므로 평정치가 없다.

3.5 연구의 제한점

본 연구의 제한점은 다음과 같다.

첫째, 상담자의 비언어적인 공감반응을 측정하여 연구에 반영할 수 없었다.

둘째, 내담자 조건을 통제할 수 없었다. 즉 내담자 문제의 동질성 여부 및 성(sex)을 고려하지 못하였다.

　셋째, 연구 도구 사용에 있어서의 제한점이다. 다차원적 공감반응척도
의 타당도를 검증하지 못하였다.

3.6 자료분석 방법

　다차원적 공감반응척도와 회기성과질문지의 신뢰도 계수는 내적 합치
도(Cronbach's α)로 산출하였다. 상담단계별, 사례별 상담자의 공감과 상
담의 즉시적 성과인 내담자의 체험수준, 내담자의 체험수준과 상담의 중
간성과인 회기성과, 그리고 상담자의 공감과 회기성과 간의 관계를 알아
보기 위하여 Pearson의 상관계수를 산출하였다. 상담단계에 따라 상담자
의 공감, 내담자의 체험수준, 그리고 회기성과에 차이가 있는지를 알아보
기 위하여, 일원변량분석(one-way ANOVA)과 Duncan의 중다범위검증
을 통한 사후검증을 하였다. 사례별 회기 진행에 따른 상담자의 공감반
응, 내담자의 체험수준, 그리고 회기성과의 변화패턴을 알아보기 위하여,
위계적 중다회귀분석(hierarchical multiple regression)을 사용한 추세분석
(trend analysis)을 하였다. 회귀분석 시에는 충족시켜야 할 기본적인 세
가지 가정 즉, 집단의 동질성(homogeneity), 정규분포(normality), 그리
고 독립성(independency) 등이 있다. 집단의 동질성을 알아보기 위하여
산포도(scatter plot)(부록 9)를, 정규분포를 알아보기 위하여 히스토그램
(histogram)과 Normal Probability(부록 10)를, 그리고 독립성을 검증하
기 위하여 Durbin-Waston 검증을 하였다.

제4장 결 과

4.1 상담단계에 따른 변수별 분석

4.1.1 상담단계에 따른 상담자의 공감

상담자의 공감반응을 2명의 평정자가 평정하였다. 이들 간의 일치율을
알아보기 위하여 공감의 총점 및 8개의 하위 차원 점수 간의 상관
(Pearson's r)을 조사하였다(표 4). 상관의 범위는 .57에서 .85로 평정자
간 일치도가 높게 나타났다.

표 4. 공감반응의 평정자간 상관

공감 차원	평정자간 상관(N=2904)
공감총점	.8481***
내담자 감정	.6944***
인지적 추론과 명료화	.7507***
화제의 핵심성	.6940***
표현력	.6291***
협력성	.7012***
말 허용하기 대 압도하기	.7613***
탐 색	.5716***
탐색의 효과	.7313***

*** $p < .001$(양방검증)

4.1.1.1 상담단계에 따른 상담자의 공감

각 사례에 대하여 상담단계에 따른 상담자 공감반응의 차이가 있는지
를 알아보기 위하여 공감의 총점 및 하위 차원에 대하여 각각 일원변량분

석(one-way ANOVA)을 하였다. 그 결과는 표 5, 6, 7에 제시되어 있다.

사례 A의 경우, 상담자의 공감반응은 총점과 8개의 모든 하위 차원에서 상담단계에 따라 유의미한 차이를 보이는 것으로 나타났다. 즉 상담단계가 진행될수록 상담자의 공감반응이 높아지는 것으로 나타났다. 즉, 상담 초기에 비해서는 중기가, 중기에 비해서는 말기가 더 높은 것으로 나타났다.

사례 B의 경우에도 표현력을 제외한 상담자의 모든 공감반응에서 유의미한 차이를 보였다. 그러나 사례 A의 경우와는 정반대의 양상을 보였다. 즉, 사례 B의 경우에는 상담이 진행될수록 상담자의 공감반응이 감소하는 것으로 나타났다.

이상의 결과를 Duncan의 중다범위검증을 사용한 사후검증을 통하여 시각적으로 정리한 것이 그림 3이다.

표 5. 사례별 상담단계에 따른 상담자의 공감반응

	사 례	초 기	중 기	말 기	F
공감 총점	A	15.07(.81)^a	22.27(2.63)^b	25.72(.87)^c	22.54***
	B	16.82(2.00)^a	13.84(1.93)^a	11.65(1.72)^b	7.42**
내담자 감정	A	.84(.29)^a	2.09(.36)^b	2.21(.20)^b	24.02***
	B	1.27(.63)^a	.79(.48)^b	.20(.08)^b	5.14*
인지적 추론과 명료화	A	1.19(.22)^a	2.51(.46)^b	3.19(.27)^c	23.90***
	B	1.31(.54)^a	1.29(.28)^b	.78(.22)^b	4.54*
화제의 핵심성	A	1.95(.07)^a	3.13(.40)^b	3.61(.21)^c	24.16***
	B	2.28(.27)^a	1.86(.35)^b	1.35(.57)^b	6.21**
표현력	A	2.09(.18)^a	2.82(.31)^b	3.35(.22)^c	19.83***
	B	2.13(.22)	2.16(.14)	2.08(.16)	.42
협력성	A	2.50(.08)^a	3.41(.42)^b	3.94(.07)^c	15.90***
	B	2.68(.14)^a	1.98(.31)^a	1.80(.20)^b	11.94***
말 허용하기 대 압도하기	A	2.18(.22)^a	2.81(.33)^b	3.08(.17)^b	9.78**
	B	2.57(.35)	2.31(.23)	2.18(.12)	2.92
탐 색	A	2.01(.14)^a	2.68(.31)^b	3.12(.23)^c	15.46***
	B	2.27(.05)^a	1.71(.29)^a	1.64(.29)^b	7.65*
탐색의 효과	A	2.31(.07)^a	2.82(.42)^b	3.22(.09)^b	6.12**
	B	2.31(.20)^a	1.74(.33)^a	1.61(.44)^b	5.56*

※ 같은 알파벳 첨자는 단계 간 차이 없음을 의미함   * $p<.05$ ** $p<.01$ *** $p<.001$
  공감 총점은 32점 만점이며, 각각의 하위차원은 4점 만점임
  ( )는 표준편차

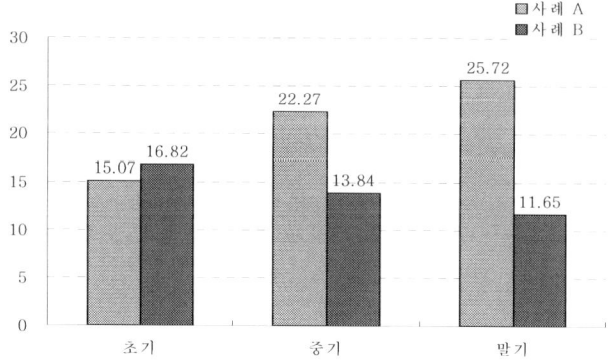

그림 3. 사례별 상담단계에 따른 상담자의 공감반응

표 6. 상담단계에 따른 상담자 공감반응의 변량분석표(사례 A)

		자승합 (SS)	자유도 (df)	평균자승 (MS)	F	p
공감총점	집단 간	247.34	2.00	123.67	22.54	0.00
	집단 내	142.68	26.00	5.49		
	전 체	390.02	28.00			
내담자 감정	집단 간	5.59	2.00	2.79	24.02	0.00
	집단 내	3.03	26.00	0.12		
	전 체	8.62	28.00			
인지적 추론과 명료화	집단 간	8.59	2.00	4.30	23.90	0.00
	집단 내	4.67	26.00	0.18		
	전 체	13.27	28.00			
화제의 핵심성	집단 간	6.20	2.00	3.10	24.16	0.00
	집단 내	3.33	26.00	0.13		
	전 체	9.53	28.00			
표현력	집단 간	3.20	2.00	1.60	19.83	0.00
	집단 내	2.10	26.00	0.08		
	전 체	5.30	28.00			
협력성	집단 간	4.35	2.00	2.17	15.90	0.00
	집단 내	3.56	26.00	0.14		
	전 체	7.91	28.00			
말 허용하기 대 압도하기	집단 간	1.84	2.00	0.92	9.78	0.00
	집단 내	2.44	26.00	0.09		
	전 체	4.28	28.00			
탐 색	집단 간	2.56	2.00	1.28	15.46	0.00
	집단 내	2.15	26.00	0.08		
	전 체	4.71	28.00			
탐색의 효과	집단 간	1.68	2.00	0.84	6.12	0.01
	집단 내	3.56	26.00	0.14		
	전 체	5.24	28.00			

표 7. 상담단계에 따른 상담자 공감반응의 변량분석표(사례 B)

		자승합 (SS)	자유도 (df)	평균자승 (MS)	F	p
공감총점	집단 간	54.21	2.00	27.11	7.41	0.00
	집단 내	98.71	27.00	3.66		
	전 체	152.92	29.00			
내담자 감정	집단 간	2.32	2.00	1.16	5.14	0.01
	집단 내	6.10	27.00	0.23		
	전 체	8.42	29.00			
인지적 추론과 명료화	집단 간	0.91	2.00	0.46	4.54	0.02
	집단 내	2.71	27.00	0.10		
	전 체	3.62	29.00			
화제의 핵심성	집단 간	1.71	2.00	0.85	6.21	0.01
	집단 내	3.71	27.00	0.14		
	전 체	5.42	29.00			
표현력	집단 간	0.02	2.00	0.01	0.42	0.66
	집단 내	0.64	27.00	0.02		
	전 체	0.66	29.00			
협력성	집단 간	1.94	2.00	0.97	11.94	0.00
	집단 내	2.19	27.00	0.08		
	전 체	4.13	29.00			
말 허용하기 대 압도하기	집단 간	0.33	2.00	0.17	2.92	0.07
	집단 내	1.53	27.00	0.06		
	전 체	1.86	29.00			
탐 색	집단 간	1.16	2.00	0.58	7.65	0.00
	집단 내	2.04	27.00	0.08		
	전 체	3.19	29.00			
탐색의 효과	집단 간	1.26	2.00	0.63	5.56	0.01
	집단 내	3.06	27.00	0.11		
	전 체	4.32	29.00			

4.1.1.2 사례별 회기진행에 따른 상담자 공감반응의 변화 패턴

각 사례에 대하여 회기가 진행됨에 따라 상담자의 공감반응이 총점 및 8개의 하위 차원에서 각각 어떻게 변화하는지 그 변화 양상을 살펴보았다(그림 4). 또한 공감반응의 변화 패턴을 알아보기 위하여, 각 사례별로 공감의 총점 및 8개의 하위 차원에 대하여 위계적 중다회귀분석

(hierarchical multiple regression)을 사용한 추세분석(trend analysis)을 하였고, 그 결과를 표 8에 제시하였다.

우선 공감반응의 총점에 대해서는 사례 A와 B 모두에서 직선 관계성을 보였다(사례 A: $F=46.48$, $p<.001$; 사례 B: $F=38.68$, $p<.001$). 그림 4에서 볼 수 있는 바와 같이, 사례 A의 경우에는 상담자의 공감반응이 직선 관계성을 가지고 점진적으로 증가하는 추세를 보이고 있다. 한편, 사례 B의 경우에는 상담자의 공감반응이 직선 관계성을 가지고 있으나 점진적으로 감소하는 추세를 보이는 것을 알 수 있다. 이를 사례별로 좀 더 자세히 살펴보면 다음과 같다.

사례 A의 경우, 8개의 하위 차원 중 내담자 감정 차원을 제외한 나머지 7개의 하위 차원에서 직선적 관계를 갖는 것으로 나타났다. 내담자 감정 차원은 직선적, 곡선적 관계를 함께 지니고 있는 것으로 나타났다. 즉, 내담자 감정 차원은 직선 관계성으로 약 41.5%, 곡선 관계성으로 10.7%가 설명되어 총 52.2%가 설명되는 것으로 나타났다.

한편, 사례 B의 경우에는 8개의 하위 차원 중 표현력이 선형적 변화 패턴을 보이지 않았으며, 협력성과 탐색은 직선 관계성과 곡선 관계성을 함께 보이는 것으로 나타났다. 즉, 협력성의 경우 직선 관계성으로 61.7%($F=45.10$, $p<.001$)가, 곡선 관계성으로 9%가 설명되어($F=8.25$, $p<.01$) 총 70.7%가 설명되는 것으로 나타났다. 또한 탐색의 경우에는 직선 관계성으로 44.3%($F=22.30$, $p<.001$)가, 추가적으로 곡선 관계성으로 12.6%가 설명되어($F=7.88$, $p<.01$) 총 56.9%가 설명되는 것으로 나타났다. 또한 나머지 5개의 하위 차원 모두에서 전부 직선형의 형태로 회기가 진행됨에 따라 공감반응이 감소함을 알 수 있다.

위의 결과를 요약하면, 사례 A는 회기가 진행됨에 따라 상담자의 공감반응이 선형으로 증가하는 패턴을 보였다. 그러나 사례 B는 회기가 진행됨에 따라 전반적으로 상담자의 공감반응이 선형으로 감소하는 패턴을 보여주었으나, 협력성과 탐색의 경우에는 곡선의 변화 패턴도 보이는 것으로 나타났다. 이러한 결과의 타당성을 입증하기 위하여 회귀분석의 기본 가정을 충족시키는지를 Durbin-Waston 검증을 통하여 알아보았다. Durbin-Waston 검증에서 독립변수가 하나일 경우, 회기(직선)은 1.49 이상이면 기본 가정을 충족시키는 것이고, 회기×회기(곡선)은 1.57 이상이면 기본 가정을 충족시키는 것이다. 이에 비추어 보면, 사례 A의 경우에는 말 허용하기 대 압도하기 차원을 제외한 모든 공감차원이 기본 가정을 충족시키는 것으로 나타났고, 사례 B의 경우에는 모든 공감차원이 기본 가정을 충족시키는 것으로 나타났다. 따라서 사례 A의 말 허용하기 대 압도하기 차원을 제외한 F 검증의 모든 결과는 유의미함이 뒷받침되었다.

표 8. 사례별 공감 반응의 추세분석 결과

종속변인	사 례	독립변인	R^2 R^2 change	F F change	Durbin-Watson 검증
공감 총점	A	회기(직선)	.633	46.48***	1.89
		회기×회기(곡선)	.019	1.41	
	B	회기(직선)	.580	38.68***	1.98
		회기×회기(곡선)	.015	.99	
내담자 감정	A	회기(직선)	.415	19.12***	1.58
		회기×회기(곡선)	.107	5.82*	
	B	회기(직선)	.589	40.11***	2.02
		회기×회기(곡선)	.004	.29	
인지적 추론과 명료화	A	회기(직선)	.585	38.08***	1.71
		회기×회기(곡선)	.013	.82	
	B	회기(직선)	.192	6.67*	2.45
		회기×회기(곡선)	.084	3.15	
화제의 핵심성	A	회기(직선)	.552	33.24***	2.13
		회기×회기(곡선)	.049	3.16	
	B	회기(직선)	.420	20.26***	1.53
		회기×회기(곡선)	.002	.09	
표현력	A	회기(직선)	.584	37.94***	2.20
		회기×회기(곡선)	.000	.01	
	B	회기(직선)	.001	.02	1.85
		회기×회기(곡선)	.000	.00	
협력성	A	회기(직선)	.746	79.44***	2.77
		회기×회기(곡선)	.015	1.58	
	B	회기(직선)	.617	45.10***	2.08
		회기×회기(곡선)	.090	8.25**	
말 허용하기 대 압도하기	A	회기(직선)	.400	17.99***	1.06
		회기×회기(곡선)	.009	.40	
	B	회기(직선)	.288	11.32**	2.49
		회기×회기(곡선)	.020	.78	
탐 색	A	회기(직선)	.560	34.39***	2.19
		회기×회기(곡선)	.006	.37	
	B	회기(직선)	.443	22.30***	1.75
		회기×회기(곡선)	.126	7.88**	
탐색의 효과	A	회기(직선)	.499	26.88***	1.88
		회기×회기(곡선)	.001	.05	
	B	회기(직선)	.397	18.47***	1.77
		회기×회기(곡선)	.064	3.22	

**$p<.05$ ** $p<.01$ *** $p<.001$

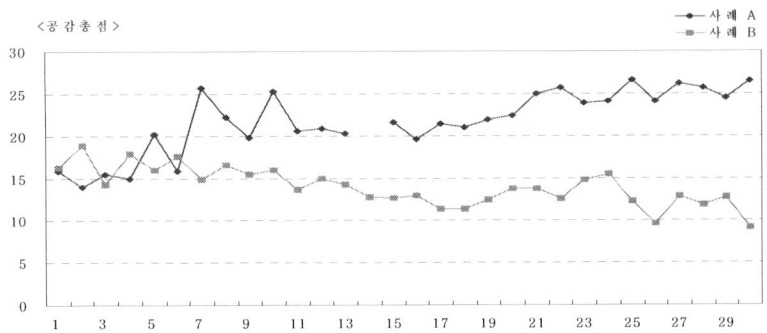

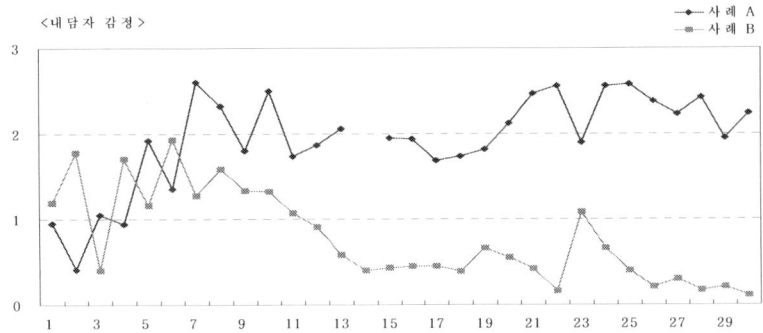

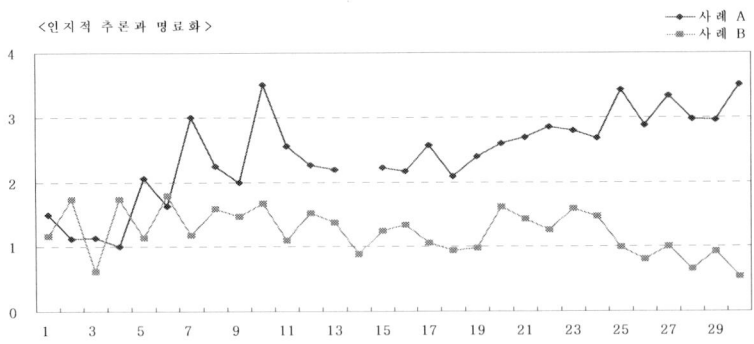

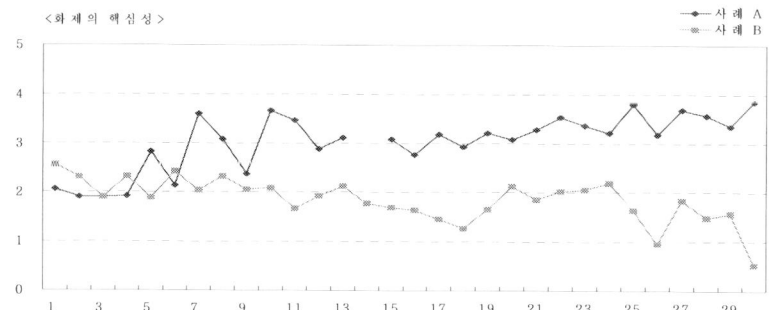

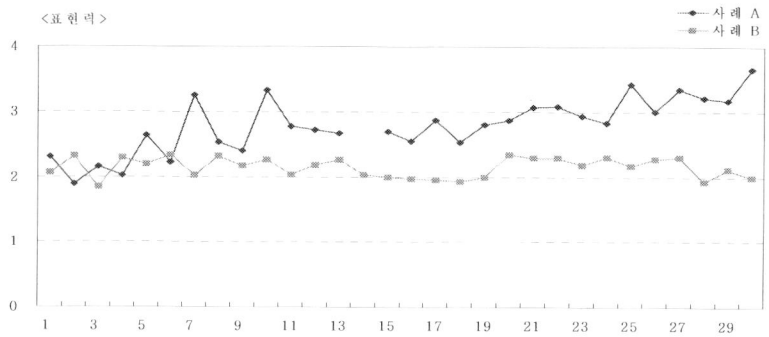

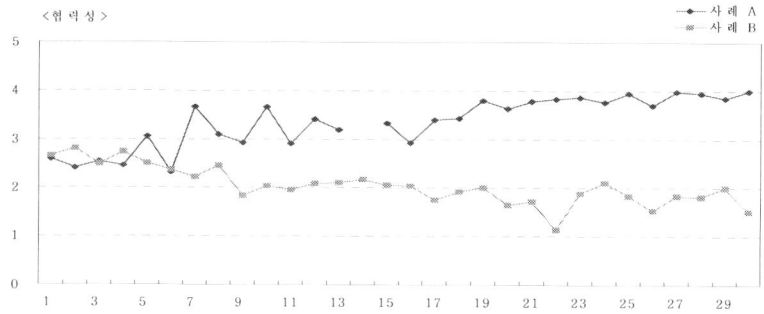

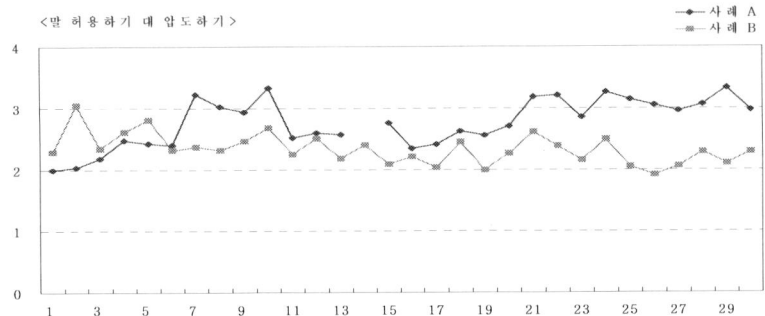

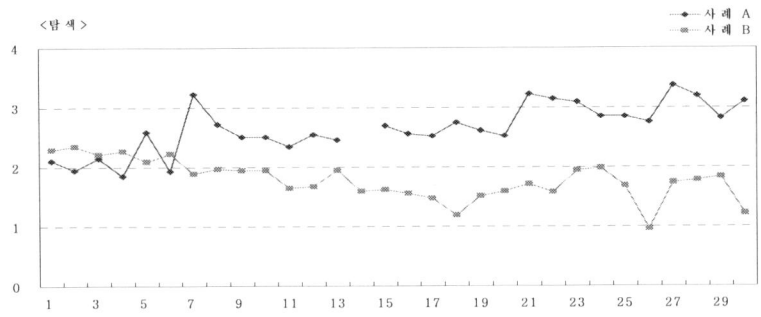

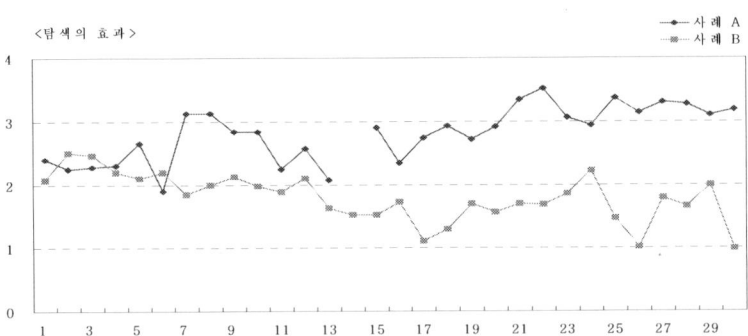

그림 4. 회기 진행에 따른 상담자 공감반응의 변화 패턴

4.1.2 상담단계에 따른 내담자의 체험수준

내담자의 체험수준은 2명의 평정자에 의해 평정되었다. 이들 평정자간의 일치율을 알아보기 위하여 Kappa 계수를 산출하였다. 두 평정자간의 일치도(Cohen's Kappa)는 .72로서 높은 일치도를 보였다.

4.1.2.1 상담단계에 따른 내담자의 체험수준

각 사례에 대하여 상담단계에 따른 내담자 체험수준의 차이가 있는지를 알아보기 위하여, 2명의 평정자가 평정한 내담지의 체험수준을 일원변량분석 하였다(표 9, 10, 11).

사례 A의 경우, 상담단계에 따라 내담자 체험수준에 유의미한 차이가 있는 것으로 나타났다($F_{2,26}=13.28$, $p<.001$). 즉 상담단계가 진행될수록 내담자의 체험수준이 점차 깊어지는 것으로 나타났다. 즉 상담 초기에 비하여 중기에, 중기에 비하여 말기에 내담자의 체험수준이 깊어졌다.

사례 B의 경우에는 상담 초기와 말기의 내담자 체험수준 간에 유의미한 차이가 있는 것으로 나타났으나($F_{2,27}=4.98$, $p<.05$), 상담 초기와 중기, 중기와 말기 간에는 유의미한 차이를 발견할 수 없었다.

위의 결과를 요약하면, 사례 A의 경우에는 상담단계가 진행될수록 내담자의 체험수준이 깊어졌다. 그러나 사례 B의 경우에는 상담단계가 진행되었음에도 불구하고 단계 간 내담자의 체험수준이 유의미하게 깊어지지 않았다. 이를 Duncan의 중다범위검증을 사용한 사후검증을 통하여 시각적으로 정리한 것이 그림 5이다.

표 9. 사례별 상담단계에 따른 내담자의 체험수준

사 례	초 기	중 기	말 기	F
A	$2.50(.58)^a$	$4.24(.83)^b$	$5.25(.50)^c$	13.28***
B	$2.00(.00)^a$	$2.45(.51)^{ab}$	$3.00(.00)^b$	4.98*

※ 같은 알파벳 첨자는 단계 간 차이 없음을 의미함   * $p<.05$ *** $p<.001$
각 점수는 최빈치[1]의 평균이며, ( )는 표준편차임

표 10. 상담단계에 따른 내담자 체험수준의 변량분석표(사례 A)

	자승합(SS)	자유도(df)	평균자승(MS)	F	p
집단 간	15.89	2.00	7.94	13.28	0.00
집단 내	15.56	26.00	0.60		
전 체	31.45	28.00			

표 11. 상담단계에 따른 내담자 체험수준의 변량분석표(사례 B)

	자승합(SS)	자유도(df)	평균자승(MS)	F	p
집단 간	2.01	2.00	1.01	4.98	0.01
집단 내	5.45	27.00	0.20		
전 체	7.47	29.00			

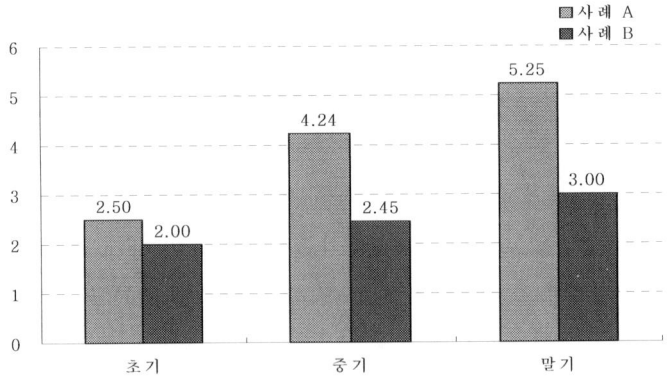

그림 5. 사례별 상담단계에 따른 내담자의 체험수준

---

1) 체험수준 훈련 요강(Klein, 1970)에 의하면, 최빈치와 최고치를 평정하게 되어 있으며, 최빈치는 전반적인 혹은 평균적인 척도 수준을 나타낸다.

4.1.2.2 사례별 회기진행에 따른 내담자 체험수준의 변화 패턴

회기가 진행됨에 따라 내담자 체험수준이 어떻게 변화하는지를 각 회기별 체험수준이 최고치와 최빈치를 중심으로 그림 6에 정리하였다. 회기진행에 따른 내담자 체험수준의 변화 패턴을 파악하기 위하여, 각 사례별로 내담자 체험수준의 최빈치에 대하여 위계적 중다회귀분석(hierarchical multiple regression)을 이용한 추세분석을 하였다. 여기서 독립변인은 회기이고 종속변인은 각 사례의 내담자 체험수준의 최빈치이다(표 12).

사례 A와 사례 B 모두 직선적 관계를 가지고 있는 것으로 나타났다(사례 A: $F=67.96$, $p<.001$; 사례 B: $F=37.47$, $p<.001$). 즉, 사례 A는 직선 관계성으로 최빈치의 71.6%가 설명되고, 사례 B는 직선 관계성으로 최빈치의 57.2%가 설명된다. 그림 6에서 볼 수 있는 바와 같이, 최빈치는 회기가 진행될수록 직선형의 형태로 증가함을 알 수 있다.

이러한 결과의 타당성을 입증하기 위한 회기분석의 기본 가정을 충족시키는지를 알아보기 위하여 Durbin-Waston 검증을 한 결과, 사례 A는 충족되지 않고 사례 B는 충족되는 것으로 나타났다.

표 12. 사례별 체험 수준의 추세분석 결과

종속변인	사 례	독립변인	R^2 R^2 change	F F change	Durbin-Watson 검증
체험 수준	A	회기(직선)	.716	67.96***	1.28
		회기×회기(곡선)	.003	.29	
	B	회기(직선)	.572	37.47***	1.61
		회기×회기(곡선)	.015	.95	

*** $p<.001$

80

<사례 A>

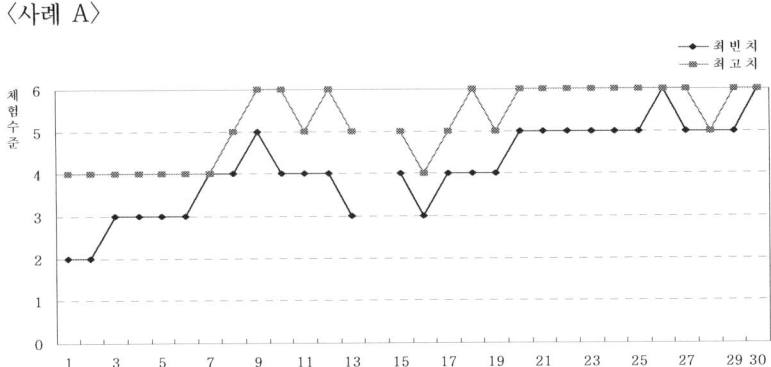

<사례 B>

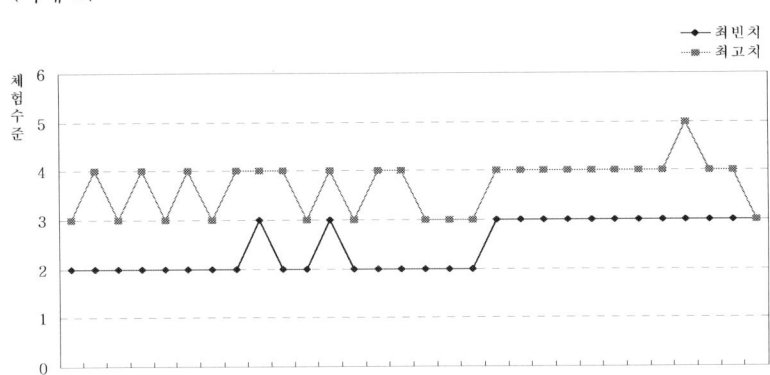

그림 6. 회기 진행에 따른 내담자 체험수준의 변화 패턴

4.1.3 상담단계에 따른 회기성과

　　회기성과는 회기평가질문지로 평정하였다. 회기평가질문지는 회기 순
조로움과 회기 깊이의 두 하위척도로 구성되어 있으며, 상담자와 두 명
의 객관적인 평정자가 각각 평정하였다. 이 세 사람의 평정치가 일치하

는가를 알아보기 위하여 상관관계를 산출하였다(표 13).

회기의 순조로움에 대한 각 평정자간의 상관은 사례 B에 대한 평정자 1과 상담지 간의 관계를 제외하곤 모두 유의미하게 높게 나타났다. 회기의 깊이 차원에서는 6개의 상관 중 3개만 유의미하게 나타났다. 그러나 두 사례 모두를 합하여 상관을 산출했을 경우에는 모든 평정자간의 상관이 유의미하게 나타났다. 이러한 결과는 상담 회기성과에 대한 객관적인 평정자와 상담자 간에 일치율이 높다는 것을 말해준다.

한편, 평정자 내에서 회기성과의 두 하위차원 간의 상관을 살펴 본 결과(표 14), 전체적으로는 유의미한 상관을 보였다. 이러한 결과는 상담 회기 성과에 있어서 순조로운 상담 시간이 깊이도 있으며, 깊이 있는 상담 시간이 순조롭게도 평가된다는 것을 나타내 준다. 그러나 평정자 1의 경우에는 사례 B에 대하여 유의미한 상관을 보이지 않았으며, 평정자 2의 경우에는 사례 A에 대하여 유의미한 상관을 보이지 않았다. 한편, 상담자는 두 사례 모두에 대하여 유의미한 상관을 보였다. 이와 같은 결과는 객관적 평정자와 상담자가 상담 회기의 성과를 각기 다르게 지각할 수 있다는 것을 시사하므로, 이후의 분석에서는 객관적인 평정자 2명의 평정치와 상담자의 평정치를 각기 별도로 분석하였다.

4.1.3.1 상담단계에 따른 회기성과

상담단계에 따른 회기 성과의 차이를 알아보기 위하여 일원변량분석을 하였다(표 15). 분석 결과, 두 사례 모두에 있어서 상담단계에 따른 회기 순조로움과 회기 깊이의 차이를 보이지 않았다. 이와 같은 결과는 상담성과가 회기가 진행됨에 따라 계속 앞으로 나아가는 것이 아니라 정체되기도 하고, 때론 후퇴하기도 하면서 즉, 굴곡을 보이면서 불규칙적으로 진행된다(Rogers, 1961)는 것을 반영하는 것일 수도 있기 때문에, 단순한 차이 검증보다는 회기 진행에 따른 회기 성과의 변화 패턴을 추세 분석을 통하여 살펴보았다.

표 13. 각 사례의 평정자간 회기성과의 상관

사례명	제 1 평정자	제 2 평정자	r 순조로움	깊 이
A (N=29)	평정자 1	평정자 2	.7438**	.4917*
	평정자 1	상담자	.5650**	.4801*
	평정자 2	상담자	.4329*	.3136
B (N=30)	평정자 1	평정자 2	.5586**	.2614
	평정자 1	상담자	.3914	.1377
	평정자 2	상담자	.5735**	.4345*
전 체 (N=59)	평정자 1	평정자 2	.6825***	.4111***
	평정자 1	상담자	.4951***	.3376**
	평정자 2	상담자	.4961***	.4435***

* $p<.05$ ** $p<.01$ (양방검증)

표 14. 각 평정자의 순조로움과 깊이 점수 간의 상관

평정자	r 전체(N=59)	사례 A (N=29)	사례 B (N=30)
평정자 1	.4355***	.5670**	.2461
평정자 2	.4588***	.3280	.5875**
상담자	.6982***	.6164**	.7532**
평 균	.5372***	.4572*	.5036**

* $p<.05$ ** $p<.01$ (양방검증)
평균은 평균 회기 순조로움과 회기 깊이간의 상관임

표 15. 사례별 상담단계에 따른 회기성과

사례명	회기성과	평정자	초 기		중 기		말 기		F
사례 A	순조로움	평정자	1.63	(.69)	0.86	(1.39)	1.53	(.44)	.95
		상담자	0.40	(.85)	0.50	(.91)	0.00	(.73)	.53
		평균	1.22	(.50)	0.74	(1.14)	1.02	(.53)	.42
	깊 이	평정자	0.90	(.50)	1.05	(.90)	1.80	(.57)	1.53
		상담자	-0.35	(.91)	1.10	(1.27)	1.10	(1.44)	2.31
		평균	0.48	(.46)	1.07	(.90)	1.57	(.74)	1.66
사례 B	순조로움	평정자	0.35	(.47)	0.45	(.95)	-0.23	(.90)	.96
		상담자	-0.25	(.81)	0.09	(1.07)	0.30	(1.16)	.29
		평균	0.15	(.51)	0.33	(.89)	-0.05	(.87)	.37
	깊 이	평정자	0.08	(.38)	0.80	(.80)	0.58	(.39)	1.70
		상담자	-1.15	(.66)	-0.16	(1.52)	0.45	(.81)	1.39
		평균	-0.33	(.37)	0.48	(.83)	0.53	(.47)	2.04

4.1.3.2 사례별 회기진행에 따른 회기성과의 변화 패턴

긱 사례에 대한 매 회기의 평균 회기 순조로움과 평균 회기 깊이 섬수를 전체 평균, 평정자간 평균, 그리고 상담자 평정 점수 별로 표 16, 17, 그리고 18에 제시하였다. 또한 이에 대한 그래프는 그림 7과 8에 제시하였다. 회기 진행에 따른 순조로움과 깊이의 변화 패턴을 파악하기 위하여, 위계적 중다회귀분석을 이용하여 추세 분석을 한 결과를 표 19에 제시하였다.

표 16. 각 사례의 회기별 순조로움과 깊이의 전체 평균점수

회 기	사례 A		사례 B		회 기	사례 A		사례 B	
	순조로움	깊 이	순조로움	깊 이		순조로움	깊 이	순조로움	깊 이
1회	0.60	-0.07	-0.40	-0.60	16회	-1.27	1.40	0.73	0.40
2회	1.33	0.33	0.40	-0.53	17회	0.87	2.60	-1.13	-0.13
3회	1.80	1.00	0.73	0.20	18회	0.47	1.07	0.33	0.27
4회	1.13	0.67	-0.13	-0.40	19회	0.80	1.13	0.67	0.47
5회	1.13	0.40	0.60	1.27	20회	1.33	1.60	1.80	1.13
6회	-1.13	-0.20	1.00	0.40	21회	1.13	1.13	0.87	0.87
7회	1.87	2.40	-0.47	-1.00	22회	0.27	0.33	-1.33	0.27
8회	1.53	1.60	0.47	0.47	23회	1.67	2.53	1.00	2.20
9회	1.87	0.60	0.47	0.33	24회	1.33	1.73	1.73	2.07
10회	0.27	-0.47	0.60	0.00	25회	2.20	1.73	-1.00	0.40
11회	0.93	-0.40	-0.20	-0.80	26회	2.33	1.47	-0.47	-0.87
12회	-1.00	0.47	0.53	0.07	27회	0.60	1.47	-0.13	0.60
13회	-1.53	0.33	-0.93	1.53	28회	1.33	2.47	-1.07	-0.07
14회	.	.	0.73	0.33	29회	1.60	1.67	1.07	1.07
15회	0.47	1.00	1.33	0.87	30회	0.53	0.67	-0.07	0.53

84

표 17. 각 사례의 회기별 순조로움과 깊이의 평정자 평균점수

회 기	사례 A 순조로움	깊 이	사례 B 순조로움	깊 이	회 기	사례 A 순조로움	깊 이	사례 B 순조로움	깊 이
1회	0.70	0.30	-0.30	0.00	16회	-1.60	1.70	1.40	1.40
2회	1.50	0.80	0.50	-0.40	17회	1.20	2.70	-1.00	0.80
3회	2.20	1.00	0.80	0.50	18회	0.20	0.60	0.60	0.40
4회	2.10	1.50	0.40	0.20	19회	0.80	0.80	0.60	0.40
5회	1.20	0.60	0.50	1.10	20회	1.60	1.50	1.90	1.60
6회	-1.00	0.80	1.00	0.50	21회	1.50	0.70	1.20	1.00
7회	2.10	2.60	-0.80	-0.10	22회	0.00	-0.20	-1.10	1.40
8회	1.70	1.60	0.50	0.30	23회	2.10	2.40	1.00	2.40
9회	2.20	0.60	0.40	-0.10	24회	1.80	1.70	2.20	2.50
10회	1.00	-0.20	0.50	-0.20	25회	2.30	1.60	-0.50	1.60
11회	1.50	-0.20	0.30	0.00	26회	2.50	1.20	-0.20	-0.30
12회	-1.60	0.00	1.00	0.70	27회	1.10	1.30	0.10	0.70
13회	-2.10	0.10	-1.40	1.40	28회	1.80	2.60	-1.50	0.00
14회	.	.	0.90	0.10	29회	2.00	1.80	0.60	0.80
15회	0.70	1.50	1.00	0.70	30회	1.20	1.50	-0.10	0.80

표 18. 각 사례의 회기별 순조로움과 깊이의 상담자 평정점수

회 기	사례 A 순조로움	깊 이	사례 B 순조로움	깊 이	회 기	사례 A 순조로움	깊 이	사례 B 순조로움	깊 이
1회	0.40	-0.80	-0.60	-1.80	16회	-0.60	0.80	-0.60	-1.60
2회	1.00	-0.60	0.20	-0.80	17회	0.20	2.40	-1.40	-2.00
3회	1.00	1.00	0.60	-0.40	18회	1.00	2.00	-0.20	0.00
4회	-0.80	-1.00	-1.20	-1.60	19회	0.80	1.80	0.80	0.60
5회	1.00	0.00	0.80	1.60	20회	0.80	1.80	1.60	0.20
6회	-1.40	-2.20	1.00	0.20	21회	0.40	2.00	0.20	0.60
7회	1.40	2.00	0.20	-2.80	22회	0.80	1.40	-1.80	-2.00
8회	1.20	1.60	0.40	0.80	23회	0.80	2.80	1.00	1.80
9회	1.20	0.60	0.60	1.20	24회	0.40	1.80	0.80	1.20
10회	-1.20	-1.00	0.80	0.40	25회	2.00	2.00	-2.00	-2.00
11회	-0.20	-0.80	-1.20	-2.40	26회	2.00	2.00	-1.00	-2.00
12회	0.20	1.40	-0.40	-1.20	27회	-0.40	1.80	-0.60	0.40
13회	-0.40	0.80	0.00	1.80	28회	0.40	2.20	-0.20	-0.20
14회	.	.	0.40	0.80	29회	0.80	1.40	2.00	1.60
15회	0.00	0.00	2.00	1.20	30회	-0.80	-1.00	0.00	0.00

표 19. 사례별 회기 성과의 추세분석 결과

종속변인	사 례	독립변인	R^2 R^2 change	F F change	Durbin-Watson 검증
전체 평균	A	회기(직선)	.023	.62	1.77
		회기×회기(곡선)	.118	3.58	
	B	회기(직선)	.006	.18	2.29
		회기×회기(곡선)	.024	.42	
	A	회기(직선)	.258	9.37**	1.62
	깊 이	회기×회기(곡선)	.001	.048	
	B	회기(직선)	.133	4.30*	1.87
		회기×회기(곡선)	.037	1.21	
평정자	A	회기(직선)	.021	.58	1.75
	순조로움	회기×회기(곡선)	.160	5.06*	
	B	회기(직선)	.006	.17	2.42
		회기×회기(곡선)	.043	1.22	
	A	회기(직선)	.123	3.79+	1.55
	깊 이	회기×회기(곡선)	.028	.87	
	B	회기(직선)	.185	6.36*	1.32
		회기×회기(곡선)	.051	1.80	
상담자	A	회기(직선)	.012	.33	2.00
	순조로움	회기×회기(곡선)	.003	.08	
	B	회기(직선)	.003	.77	1.93
		회기×회기(곡선)	.000	.92	
	A	회기(직선)	.299	11.50**	1.76
	깊 이	회기×회기(곡선)	.084	3.56+	
	B	회기(직선)	.024	.68	2.04
		회기×회기(곡선)	.007	.19	

+ $p<.10$ * $p<.05$ ** $p<.01$

 평정치의 전체 평균값에 대한 추세분석 결과, 종속변인인 두 개의 회기평가 척도 중에서 회기 깊이에서만 두 사례 모두 직선 관계성이 나타났다(사례 A: $F=9.37$, $p<.05$; 사례 B: $F=4.30$, $p<.05$). 즉, 사례 A에서는 변량의 25.8%가, 그리고 사례 B에서는 13.3%가 직선 관계성으로 설명되었다. 그림 7과 8에서 두 사례의 평균 깊이에 대한 선형적 관계를, 평균 순조로움에 대한 비선형적 관계를 확인할 수 있다.

 2명의 객관적인 평정자의 평정치 평균에 대한 추세분석 결과는 이와
조금 다른 형태로 나타났다. 사례 A의 경우 회기 순조로움에 있어서만
곡선적 관계가 존재하는 것으로 나타났다($F=5.06$, $p<.05$). 즉, 변량의
16%가 곡선적 관계성에 의해 설명된다. 그림 7에서 볼 수 있는 바와 같
이, 사례 A의 회기 순조로움은 상담의 초기 단계에서는 증가, 중기에는
하강 양상을, 그리고 말기에는 다시 증가하는 양상을 보이고 있다. 그러
나 사례 B에서는 선형적 관계가 나타나지 않았다. 또한 회기 깊이에 있
어서는 두 사례 모두 직선적 관계성을 보였다(사례 A: $F=3.79$, $p<.10$;
사례 B: $F=6.36$, $p<.05$). 그림 7과 8에서 상담 회기가 진행될수록 두 사
례 모두에 있어서 회기 깊이가 직선 함수로 점진적으로 증가함을 알 수
있다.
 상담자의 평정 점수에 대한 추세분석 결과, 사례 A의 회기 깊이에서
만 직선적 관계와 곡선적 관계가 함께 나타났다($F=11.5$, $p<.05$; $F=3.56$,
$p<.10$). 즉 변량의 29.9%가 직선적 관계성에 의해, 약 8.4%가 곡선형
관계에 의해 설명된다. 그림 7에서 사례 A의 평균 깊이에 대한 선형적
관계를 확인할 수 있다. 그러나 회기 순조로움에 있어서는 선형적 관계
를 발견할 수 없었다.
 이러한 결과의 타당성을 입증하기 위하여 회기분석의 기본가정을 충족
시키는지를 알아보기 위하여 Durbin-Waston 검증을 해본 결과, 모두 충
족시키는 것으로 나타났다. 따라서 F 검증의 모든 결과는 유의미함이 뒷
받침되었다.

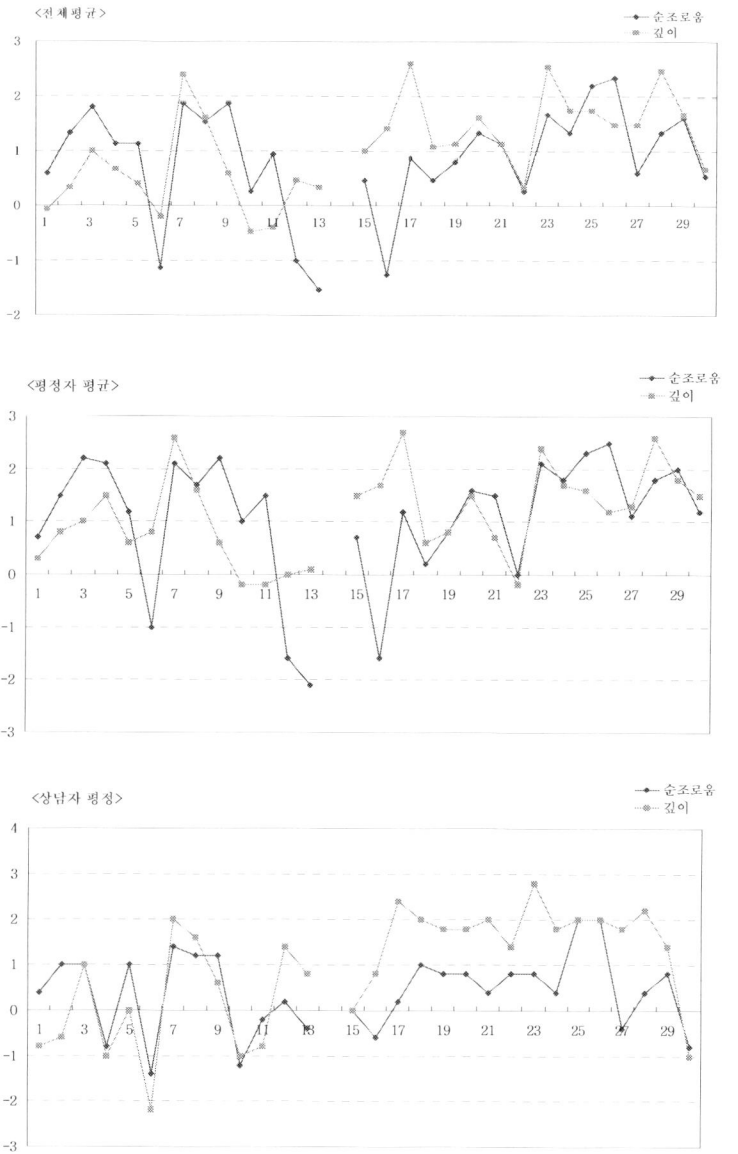

그림 7. 사례 A의 회기진행에 따른 회기성과의 변화 패턴

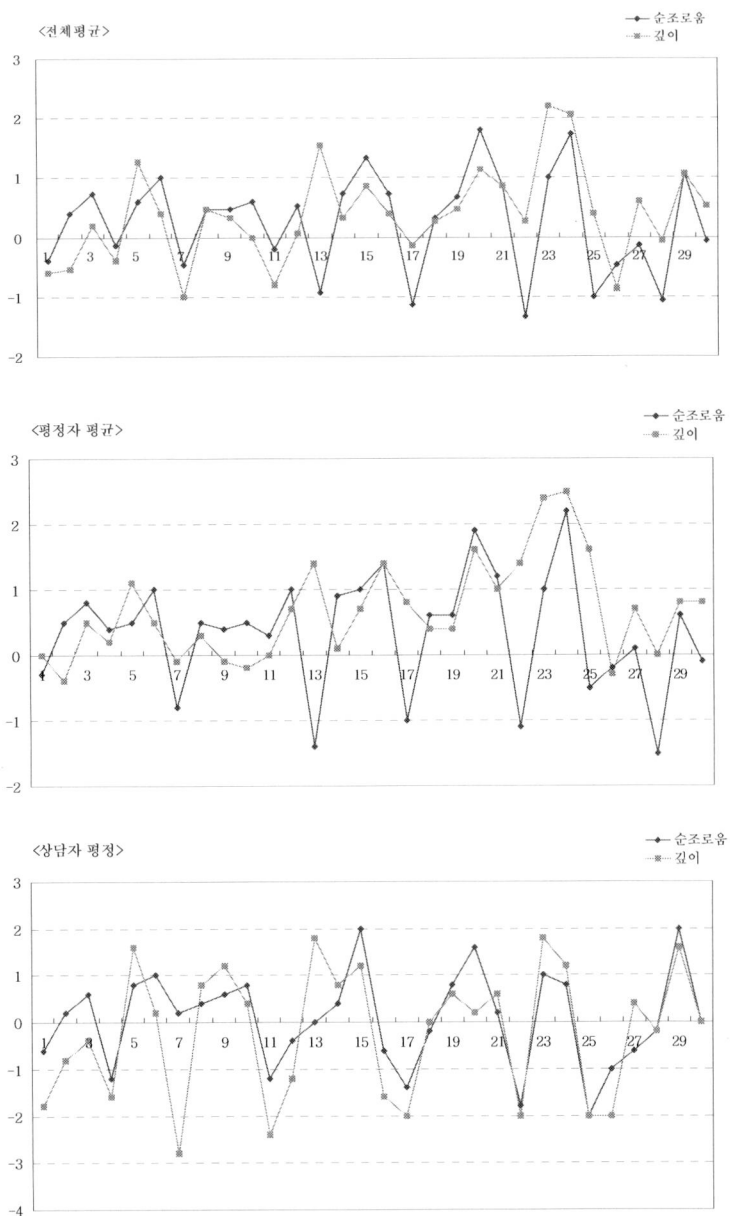

그림 8. 사례 B의 회기진행에 따른 회기성과의 변화 패턴

4.2 상담단계에 따른 변수 간의 관계

4.2.1 상담자 공감반응과 내담자 체험수준과의 관계

상담자의 공감반응과 내담자 체험수준 간의 관계를 알아보기 위하여 두 변인 간의 상관을 산출하였다(표 20). 전체적으로 볼 때 상담자의 공감반응은 내담자의 체험수준과 매우 높은 상관을 보이는 것으로 나타났다. 또한 사례 A의 경우에는 상담자가 공감하면 할수록 내담자가 더 깊이 체험하는 것으로 나타났다.

그러나 사례 B의 경우에는 상담자의 공감반응 총점과 내담자 체험수준 간에 부적 상관이 나타났다($r=-.408$, $p<.05$). 이를 공감반응의 하위 차원별로 나누어 살펴 본 결과, 내담자 감정 차원과 체험수준($r=-.465$, $p<.01$), 협력성 차원과 체험수준($r=-.650$, $p<.001$) 간에 강한 부적 상관이 있었다. 이는 상담자가 내담자에게 협력하면서 좀 더 깊이 있는 상담으로 이끌기 위해 내담자의 감정에 초점을 맞추려고 하면, 내담자가 이에 저항하고 회피하기 때문에 나타난 결과라 생각된다.

상담단계에 따른 상담자 공감반응과 내담자 체험수준 간의 관계를 살펴보았다(표 21). 그 결과, 상담 초기 단계에서는 상담자 공감반응과 내담자 체험수준 간에 유의미한 관계를 발견할 수 없었다. 그러나 상담 중기에서는 전체적으로 볼 때 상담자의 모든 공감 차원과 내담자 체험수준 간에 높은 정적 상관이 있는 것으로 나타났다. 또한 사례 A의 경우에는 화제의 핵심성을 제외한 모든 공감 차원과 내담자 체험수준 간에 유의미한 정적 상관이 있었다. 반면, 사례 B의 경우에는 대체적으로 상담자 공감반응과 내담자 체험수준 간에 부적 상관이 있었다. 특히 상담자 협력성과 내담자 체험수준 간에 유의미한 부적 상관이 있었다. 또한 상담 말기에서도 전체적으로 볼 때 상담자 공감반응과 내담자 체험수준 간에 유

의미한 정적 상관이 나타났다. 그러나 사례별 분석에서는 유의미한 상관
을 발견할 수 없었다.

위의 결과를 요약하면, 상담자의 공감반응은 특히 상담 중기와 말기에
내담자의 체험수준을 깊게 하는데 중요한 역할을 한다고 볼 수 있다.

표 20. 상담자의 공감반응과 내담자 체험수준과의 상관(전체)

공감 차원	전 체 (N=59)	사례 A (N=29)	사례 B (N=30)
공감총점	.796***	.829***	-.408*
내담자 감정	.680***	.735***	-.465**
인지적 추론과 명료화	.806***	.778***	-.176
화제의 핵심성	.743***	.721***	-.308
표현력	.844***	.763***	.231
협력성	.761***	.822***	-.650***
말 허용하기 대 압도하기	.702***	.792***	-.293
탐 색	.736***	.746***	-.358
탐색의 효과	.763***	.799***	-.227

* $p < .05$ ** $p < .01$ *** $p < .001$ (양방검증)

표 21. 상담단계와 사례별 공감과 체험수준과의 상관

단 계	공감 차원	전 체	사례 A	사례 B
	사례수	(8)	(4)	(4)
초 기	공감총점	-0.27	0.18	-
	내담자 감정	-0.07	0.63	-
	인지적 추론과 명료화	-0.29	-0.66	-
	화제의 핵심성	-0.48	-0.54	-
	표현력	-0.06	-0.02	-
	협력성	-0.40	-0.05	-
	말 허용하기 대 압도하기	-0.08	0.83	-
	탐 색	-0.52	-0.11	-
	탐색의 효과	-0.06	-0.25	-
	사례수	(43)	(21)	(22)
중 기	공감총점	0.81***	0.65**	-0.17
	내담자 감정	0.71***	0.50*	-0.30
	인지적 추론과 명료화	0.81***	0.54*	0.07
	화제의 핵심성	0.76***	0.37	-0.03
	표현력	0.81***	0.48*	0.40
	협력성	0.78***	0.66***	-0.58**
	말 허용하기 대 압도하기	0.72***	0.65***	-0.13
	탐 색	0.76***	0.53*	-0.18
	탐색의 효과	0.83***	0.74***	0.01
	사례수	(8)	(4)	(4)
말 기	공감총점	0.96**	0.60	-
	내담자 감정	0.96**	0.09	-
	인지적 추론과 명료화	0.98***	0.77	-
	화제의 핵심성	0.94***	0.76	-
	표현력	0.98***	0.94	-
	협력성	0.96***	0.58	-
	말 허용하기 대 압도하기	0.90**	-0.42	-
	탐 색	0.92***	-0.05	-
	탐색의 효과	0.91**	-0.24	-

* $p<.05$ ** $p<.01$ *** $p<.001$ (양방검증)
 - 는 내담자의 체험수준에 변화가 없기 때문에 상관이 검출 안됨

4.2.2 상담자 공감반응과 회기성과와의 관계

상담단계에 따른 상담자 공감반응과 회기 성과와의 상관관계를 분석하였다. 3명의 평정자들 간의 평정치에 차이가 있으므로, 여기서는 평정자들의 평정치 평균을 중심으로 결과를 살펴보았다. 상담자 공감반응과 회기 순조로움 간의 상관관계는 표 22에, 회기 깊이와의 상관은 표 23에 제시하였다.

상담자 공감반응과 회기 순조로움 간의 관계를 살펴보면 다음과 같다. 전체적으로 볼 때 공감 총점, 상담자의 모든 공감 차원과 평균 회기 순조로움 간에 유의미한 정적 상관이 있었다. 이를 상담단계별로 살펴보면, 상담 초기에는 화제의 핵심성과 평균 회기 순조로움 간에 유의미한 부적 상관이 있었다. 상담 중기에는 공감 총점 및 상담자의 모든 공감 차원과 유의미한 정적 상관이 있었다. 그러나 상담 말기에는 유의미한 상관이 발견되지 않았다.

이를 사례별로 좀 더 살펴보면, 사례 A의 경우 전체적으로 볼 때 탐색의 효과와 평균 회기 순조로움 간에만 유의미한 관계가 있었다. 이를 상담단계별로 살펴보면, 상담 초기에는 유의미한 관계가 발견되지 않았다. 그러나 상담 중기에는 공감 총점 및 상담자의 모든 공감 차원과 평균 회기 순조로움 간에 유의미한 정적 관계가 있었다. 말기에는 인지적 추론과 명료화와의 관계에서 부적 상관이 발견되었다. 한편, 사례 B의 경우에는 상담 중기에 인지적 추론과 명료화, 탐색의 효과와의 관계를 제외하곤 유의미한 관계가 발견되지 않았다.

이상의 결과를 요약하면, 상담자의 공감반응은 실제로 작업이 일어나는 상담 중기에 상담 회기 순조로움과 매우 중요하게 관련된다고 볼 수 있다.

상담자의 공감반응과 회기 깊이 간의 관계를 살펴보면 다음과 같다. 전체적으로 볼 때 공감 총점, 상담자의 모든 공감 차원과 평균 회기 깊이 간에 유의미한 정적 상관이 있었다. 이를 상담단계별로 살펴보면, 상담 초기에는 화제의 핵심성, 협력성과 평균 회기 깊이 간에 유의미한 부적 상관이 있었다. 상담 중기에는 공감 총점 및 상담자의 모든 공감 차원과 유의미한 정적 상관이 있었다 상담 말기에는 내담자 감정과 탐색의 효과와의 관계를 제외하곤 유의미한 정적 관계를 발견할 수 없었다.

이를 사례별로 좀 더 살펴보면, 사례 A의 경우 전체적으로 볼 때 공감 총점, 협력성, 탐색, 그리고 탐색의 효과와 평균 회기 깊이 간에 유의미한 상관이 발견되었다. 이를 단계별로 살펴보면, 상담 초기와 말기에는 유의미한 상관이 발견되지 않았다. 상담 중기에는 협력성, 탐색, 그리고 탐색의 효과와 평균 회기 깊이 간에 유의미한 상관이 있는 것으로 나타났다. 한편, 사례 B의 경우에는 상담 중기에 화제의 핵심성과 말 허용하기 대 압도하기와의 관계를 제외하곤 유의미한 관계가 발견되지 않았다.

이상의 결과를 요약하면, 상담자의 공감반응은 실제로 작업이 일어나는 상담 중기에 상담 회기 깊이와 밀접히 관련된다고 볼 수 있다.

표 22. 상담단계와 사례별 공감과 회기 순조로움과의 상관

단 계	공감반응	전 체			사례 A			사례 B		
		평 균	평정자	상담자	평 균	평정자	상담자	평 균	평정자	상담자
전 체	사례수	(59)	(59)	(59)	(29)	(29)	(29)	(30)	(30)	(30)
	공감총점	.3858**	.3862**	.2533	.2276	.2155	.1766	.2904	.2802	.2204
	내담자 감정	.3126*	.3042*	.2259	.1029	.0714	.1543	.1784	.1738	.1324
	인지적 추론과 명료화	.3591**	.3763**	.1962	.1487	.1629	.0521	.3536	.3880	.1861
	화제의 핵심성	.3257*	.3289*	.2073	.1083	.1100	.0627	.2164	.2046	.1717
	표현력	.3145*	.3384**	.1511	.1573	.1757	.0455	.1457	.1884	.0263
	협력성	.3777**	.3702**	.2667	.2335	.2052	.2267	.2334	.2041	.2141
	말 허용하기 대 압도하기	.3940**	.4134**	.2141	.3263	.3367	.1740	.2105	.2305	.1114
	탐 색	.3567**	.3355**	.2853*	.2266	.1883	.2510	.1619	.0975	.2260
	탐색의 효과	.4955**	.4834**	.3552**	.4946*	.4489*	.4393*	.3506	.3322	.2767
초 기	사례수	(8)	(8)	(8)	(4)	(4)	(4)	(4)	(4)	(4)
	공감총점	-.5904	-.5210	-.4712	-.3603	-.2870	-.1665	-.3243	-.1616	-.4310
	내담자 감정	-.5251	-.3911	-.5690	-.0103	.2019	-.3464	-.4746	-.2754	-.5856
	인지적 추론과 명료화	-.4117	-.3603	-.3346	-.6700	-.8998	.2856	-.4144	-.1806	-.5805
	화제의 핵심성	-.8894**	-.8411**	-.5929	-.8480	-.8757	-.0665	-.9043	-.9010	-.6815
	표현력	-.3213	-.2631	-.2985	-.4052	-.4453	.0119	-.3838	-.1642	-.5412
	협력성	-.6904	-.6617	-.4418	-.3846	-.4618	.0749	-.3931	-.2461	-.4643
	말 허용하기 대 압도하기	-.3673	-.2543	-.4379	.2193	.7286	-.7992	.2383	.3147	.0904
	탐 색	-.6342	-.7435*	-.1246	.1451	-.2592	.6765	-.3261	-.4025	-.1563
	탐색의 효과	.2948	.1707	.4207	-.8130	-.6835	-.3175	.9395	.8444	.8138
중 기	사례수	(43)	(43)	(43)	(21)	(21)	(21)	(21)	(22)	(22)
	공감총점	.4098**	.3648*	.4012**	.5680**	.5414*	.4901*	.4092	.2979	.4992*
	내담자 감정	.3373*	.2794	.3796*	.4197	.3891	.3954	.2473	.1302	.3904
	인지적 추론과 명료화	.4100**	.3869*	.3497*	.4744*	.4959*	.2764	.4691*	.3955	.4762*
	화제의 핵심성	.3514*	.3079*	.3559*	.3949	.3952	.2838	.3274	.2073	.4549*
	표현력	.3592*	.3426*	.2977	.4382*	.4380*	.3161	.1489	.1250	.1521
	협력성	.3703*	.3178*	.3905**	.4841*	.4317	.5080*	.3625	.2506	.4659*
	말 허용하기 대 압도하기	.4608**	.4501**	.3567*	.5352*	.5435*	.3604	.3016	.2816	.2576
	탐 색	.3702*	.3041*	.4230**	.4976*	.4270	.5732**	.2607	.1311	.4224
	탐색의 효과	.4914***	.4435**	.4670**	.6991***	.6333***	.7038***	.4288*	.3838	.3956
말 기	사례수	(8)	(8)	(8)	(4)	(4)	(4)	(4)	(4)	(4)
	공감총점	.6337	.8035*	-.1807	-.9340	-.9034	-.9447	.2262	.1736	.2414
	내담자 감정	.6324	.8102*	-.2014	-.3340	-.3122	-.3510	.1532	.3050	-.1270
	인지적 추론과 명료화	.6204	.8043*	-.2213	-.9639*	-.9266	-.9821*	.4656	.5278	.2329
	화제의 핵심성	.5871	.7598*	-.2060	-.9286	-.8730	-.9697	.0558	.0417	.0613
	표현력	.5972	.8009*	-.2798	-.8377	-.7545	-.9150	.3995	.6362	-.0843
	협력성	.6589	.8161*	-.1393	-.9290	-.9019	-.9357	.3895	.2052	.5612
	말 허용하기 대 압도하기	.6398	.7803*	-.1050	.8815	.8736	.8663	-.6036	-.6993	-.2786
	탐 색	.5854	.7433*	-.1695	-.6757	-.7302	-.5907	.0847	-.0610	.2857
	탐색의 효과	.6699	.7996*	-.0663	-.4631	-.5239	-.3764	.3347	.2088	.4320

* $p < .05$ ** $p < .01$ *** $p < .001$

표 23. 상담단계와 사례별 공감과 회기 깊이와의 상관

단 계	공감반응	전 체			사례 A			사례 B		
		평 균	평정자	상담자	평 균	평정자	상담자	평 균	평정자	상담자
전 체	사례수	(59)	(59)	(59)	(29)	(29)	(29)	(30)	(30)	(30)
	공감총점	.4612***	.2945*	.5058***	.4464*	.2627	.5400**	-.0060	-.1204	.1184
	내담자 감정	.3399**	.1696	.4265***	.3653	.1704	.4995**	-.2092	-.3098	-.0204
	인지적 추론과 명료화	.4587***	.3283*	.4632***	.3424	.2120	.4006*	.1735	.1471	.1341
	화제의 핵심성	.4433***	.3018*	.4651***	.3603	.2043	.4458*	.0925	.0480	.1041
	표현력	.4665***	.3400*	.4641***	.3510	.2353	.3875*	.2317	.1901	.1860
	협력성	.4470***	.2621*	.5168***	.5164**	.2903	.6423***	-.1538	-.3047	.0670
	말 허용하기 대 압도하기	.3549**	.2003	.4190***	.3397	.2036	.4062*	-.0687	-.1946	.0924
	탐 색	.5008***	.3258*	.5424***	.5551**	.3445	.6483***	.0712	-.0447	.1672
	탐색의 효과	.4784***	.3071*	.5229***	.5320**	.3314	.6198***	.0378	-.0822	.1511
초 기	사례수	(8)	(8)	(8)	(4)	(4)	(4)	(4)	(4)	(4)
	공감총점	-.6810	-.7247*	-.3690	-.1240	-.3379	.1813	-.7742	-.8268	-.3388
	내담자 감정	-.5519	-.5584	-.3397	.3301	.1375	.3451	-.8253	-.7650	-.4942
	인지적 추론과 명료화	-.5566	-.5769	-.3233	-.7614	-.9322	-.1279	-.7586	-.7130	-.4431
	화제의 핵심성	-.8679**	-.7589*	-.7022	-.7941	-.7638	-.3599	-.9550	-.6180	-.8770
	표현력	-.3974	-.4872	-.1248	-.2590	-.5358	.1939	-.7570	-.7396	-.4099
	협력성	-.7681*	-.8279*	-.4015	-.2660	-.5752	.2263	-.8263	-.8465	-.4027
	말 허용하기 대 압도하기	-.4448	-.4524	-.2705	.5919	.9325	-.1262	-.3849	-.7583	.2284
	탐 색	-.6908	-.8704**	-.1838	.0039	-.6387	.6994	-.8605	-.9950**	-.2896
	탐색의 효과	.0964	-.1285	.3777	-.6149	-.5283	-.3471	.4975	-.1010	.9402
중 기	사례수	(43)	(43)	(43)	(21)	(21)	(21)	(21)	(22)	(22)
	공감총점	.4457**	.1938	.5759***	.3750	.1754	.5477**	.3162	.0728	.4413*
	내담자 감정	.3174*	.0661	.4904***	.2287	.0806	.3717	-.0360	-.2692	.2256
	인지적 추론과 명료화	.4292**	.2203	.5170***	.2410	.1271	.3315	.4160	.2804	.3852
	화제의 핵심성	.4416**	.2151	.5448***	.2442	.0935	.3862	.4351*	.2734	.4239*
	표현력	.4156**	.2110	.5031***	.2608	.1253	.3763	.3311	.2525	.2756
	협력성	.4366**	.1606	.5968***	.4709*	.1991	.7178***	.1498	-.1396	.3931
	말 허용하기 대 압도하기	.3312*	.1055	.4709***	.1517	.0344	.2735	.1701	-.0335	.3141
	탐 색	.5221***	.2700	.6266***	.5400*	.3099	.7069***	.4348*	.2397	.4591*
	탐색의 효과	.4819***	.2332	.5961***	.4713*	.2523	.6429**	.2952	.1235	.3532
말 기	사례수	(8)	(8)	(8)	(4)	(4)	(4)	(4)	(4)	(4)
	공감총점	.6768	.7937*	.3101	-.4852	-.3551	-.4662	.2416	-.1220	.5350
	내담자 감정	.7175*	.8439**	.3253	.3280	.4603	.1401	.2575	.1204	.3303
	인지적 추론과 명료화	.6365	.7749*	.2517	-.8516	-.7197	-.7416	.5331	.2896	.6450
	화제의 핵심성	.6289	.7398*	.2850	-.6232	-.3967	-.6462	.0868	-.2311	.3717
	표현력	.5935	.7692*	.1693	-.8644	-.5413	-.9033	.5355	.5459	.4036
	협력성	.6941	.8067*	.3284	-.4594	-.3425	-.4365	.3422	-.1186	.7057
	말 허용하기 대 압도하기	.6688	.7946*	.2922	.3065	.2619	.2646	-.6835	-.5000	-.7038
	탐 색	.6755	.7486*	.3707	.0536	-.1502	.2021	.0535	-.3696	.4467
	탐색의 효과	.7087*	.7712*	.4089	.3130	.0939	.4082	.3161	-.1083	.6507

* $p < .05$ ** $p < .01$ *** $p < .001$

4.2.3 내담자 체험수준과 회기성과와의 관계

내담자 체험수준과 회기 성과 간의 관계를 알아보기 위하여 상관관계를 분석하였다(표 24). 우선 전 회기에 걸친 내담자의 체험수준과 회기 성과 간의 관계를 살펴보면, 상담자가 평정한 회기 순조로움과의 관계를 제외하곤 모두 유의미한 상관이 있는 것으로 나타났다. 이를 사례별로 살펴보면, 사례 A의 경우에는 내담자 체험수준과 평정자 회기 깊이, 상담자 회기 순조로움 간에 유의미한 상관이 나타나지 않았다. 그러나 전체적으로는 내담자의 체험수준과 회기 순조로움, 회기 깊이 간에 유의미한 상관이 있었다. 반면 사례 B의 경우에는 평정자 회기 깊이와의 관계만을 제외하곤 유의미한 상관이 나타나지 않았다.

상담 초기에서는 전체적으로 볼 때 내담자의 체험수준과 전체 회기 깊이, 평정자 회기 순조로움, 그리고 회기 깊이 간의 관계에서 유의미한 상관이 나타났다. 그러나 사례별 분석에서는 유의미한 상관을 발견할 수 없었다.

상담 중기에서는 전체적으로 볼 때 내담자의 체험수준과 평정자 회기 깊이 간의 관계를 제외하곤 모두 유의미한 관계를 보였다. 이를 사례별로 살펴보면, 사례 A의 경우 내담자의 체험수준은 전체 회기 순조로움, 평정자 순조로움, 상담자 순조로움, 그리고 상담자 회기 깊이와 유의미한 상관을 보였다. 그러나 사례 B의 경우에는 유의미한 상관을 발견할 수 없었다.

상담 말기에는 전체적으로 볼 때 내담자의 체험수준과 평정자 회기 순조로움, 평정자 회기 깊이 간에 유의미한 상관이 있는 것으로 나타났다. 이를 사례별로 살펴보면, 사례 A의 경우 내담자의 체험수준과 상담자 회기 깊이 간에 유의미한 부적 상관이 있는 것으로 나타났다.

표 24. 상담단계와 사례별 체험수준과 회기성과와의 상관

단 계	평정자	회기성과	전 체	사례 A	사례 B
		사례수	(N-59)	(N=29)	(N=30)
전 체	전 체	순조로움	.4040**	.3899**	.0371
		깊 이	.5247***	.4362**	.3268
	평정자	순조로움	.4216***	.3891**	.0528
		깊 이	.3975**	.2761	.3695*
	상담자	순조로움	.2248	.2458	-.0018
		깊 이	.5049***	.5026***	.1542
초 기		사례수	(N=8)	(N=4)	(N=4)
	전 체	순조로움	.6560	.5808	-
		깊 이	.8062*	.8850	-
	평정자	순조로움	.8224*	.8788	-
		깊 이	.7830*	.8137	-
	상담자	순조로움	.0183	-.4082	-
		깊 이	.5423	.4418	-
중 기		사례수	(N=43)	(N=21)	(N=22)
	전 체	순조로움	.4561**	.7147***	.0975
		깊 이	.4377**	.3552	.2412
	평정자	순조로움	.4529**	.6816***	.1923
		깊 이	.2539	.1488	.3718
	상담자	순조로움	.3359*	.6156**	-.0971
		깊 이	.4945***	.5435*	.0022
말 기		사례수	(N=8)	(N=4)	(N=4)
	전 체	순조로움	.5627	-.6061	-
		깊 이	.5406	-.8115	-
	평정자	순조로움	.7573*	-.4896	-
		깊 이	.7511*	-.3499	-
	상담자	순조로움	-.2702	-.7303	-
		깊 이	.0834	-.9739*	-

* $p < .05$ ** $p < .01$ *** $p < .001$ (양방검증)
 - 는 내담자의 체험수준에 변화가 없기 때문에 상관이 검출 안됨

4.3 사례별 회기 내 변수들의 변화 분석

4.3.1 사례별 회기별 변수들의 관계 변화

공감과 체험수준 간의 관계가 사례별, 회기별로 어떻게 변화하는지를 알아보기 위하여, 이 두 변수 간의 상관관계를 사례별, 회기별로 산출하고, 이를 그림으로 나타냈다. 공감과 체험수준 간의 사례별 회기별 경향성을 알아보기 위하여 공감 총점과 체험수준 간의 사례별 회기별 상관을 그림 9에 평균과 표준편차를 표 25, 26에 제시하였다.

공감 총점과 체험수준 간의 사례별, 회기별 상관을 나타내는 그림 9를 보면, 사례 A의 경우 11회기와 27회기를 제외한 모든 회기에서 정적 상관을 보이고 있다. 성공 사례 A의 경우 회기가 진행됨에 따라 공감과 체험수준 간의 상관이 굴곡을 그리면서도 전체적으로는 상승하는 경향을 보일 것이라고 가정 할 수 있으나 즉, 공감이 높으면 체험수준도 높아질 것이라고 가정할 수 있으나 그림 9에서 볼 수 있는 바와 같이 그러한 경향성은 보이지 않고 있다. 이를 설명할 수 있는 토대를 찾기 위하여 공감 총점과 체험수준의 평균과 표준편차를 산출하였다(표 25, 26). 표 25, 26에서 알 수 있는 바와 같이 공감 총점과 체험수준의 평균은 회기가 진행될수록 높아지고 있고, 표준편차는 작게 나타났다. 이는 두 변수 측정치의 분산이 회기가 진행됨에 따라 축소되어, 두 변수의 상관 역시 축소되어 나타났음을 말한다. 즉 범위 제한(range restriction)에 의하여 회기가 진행되더라도 공감 총점과 체험수준 간의 상관이 전체적으로 상승하는 경향성을 나타내지 않는 것을 설명하고 뒷받침해 주는 결과라 할 수 있다. 따라서 성공 사례의 경우 공감과 체험 간에는 정적 상관을 갖는 것이 일반적인 경향성이라고 할 수 있다.

또한 상담자, 내담자 회기 평정의 평균 점수로 나타낸 회기 진행에 따른 회기성과의 순조로움과 깊이 차원을 보면(그림 9), 사례 A가 사례 B에 비해 전체적으로 순조롭고 깊이 있게 상담이 진행됨을 알 수 있다. 그러나 공감과 체험수준과의 상관과 회기성과 간에 회기 진행에 따른 어떤 일정한 패턴은 발견할 수 없었다. 즉 공감과 체험수준이 상관이 높은 회기가 순조롭고 깊이 있는 상담 회기가 된다는 패턴은 발견할 수 없었다.

표 25. 사례별 회기별 공감 총점의 평균과 표준편차

회 기	사례 A		사례 B	
	평　균	표준편차	평　균	표준편차
1	15.90	5.60	16.29	3.44
2	13.98	5.98	18.84	4.69
3	15.40	5.90	14.26	3.63
4	14.98	5.98	17.88	4.47
5	20.15	6.51	15.91	4.92
6	15.89	5.37	17.57	5.52
7	25.66	2.77	14.83	4.74
8	22.13	5.76	16.55	4.53
9	19.77	9.31	15.40	4.99
10	25.33	4.51	15.98	3.89
11	20.54	4.25	13.62	4.76
12	20.83	5.34	14.93	4.70
13	20.31	4.12	14.20	3.89
14	.	.	12.77	3.60
15	21.60	6.30	12.65	4.36
16	19.58	4.53	12.93	4.39
17	21.36	5.48	11.29	4.76
18	21.01	5.83	11.36	4.07
19	21.89	5.66	12.48	4.58
20	22.40	5.55	13.70	4.86
21	25.03	4.17	13.75	4.17
22	25.73	3.77	12.52	4.19
23	23.84	4.17	14.74	5.72
24	24.09	5.01	15.42	4.06
25	26.55	3.00	12.24	4.86
26	24.08	6.22	9.67	4.46
27	26.19	3.72	12.87	4.47
28	25.65	3.25	11.80	3.77
29	24.53	4.82	12.76	4.23
30	26.50	2.32	9.18	3.56

표 26. 사례별 회기별 체험수준의 평균과 표준편차

회 기	사례 A		사례 B	
	평 균	표준편차	평 균	표준편차
1	2.45	0.60	2.32	0.42
2	2.35	0.56	2.54	0.44
3	2.96	0.41	2.15	0.32
4	3.18	0.32	2.43	0.45
5	3.38	0.37	2.24	0.40
6	3.11	0.31	2.51	0.51
7	3.56	0.36	2.23	0.36
8	3.67	0.45	2.38	0.47
9	4.33	1.03	2.67	0.56
10	4.67	0.76	2.50	0.50
11	3.40	0.45	2.38	0.45
12	3.83	0.89	2.82	0.54
13	3.39	0.52	2.39	0.45
14	.	.	2.40	0.48
15	3.74	0.57	2.38	0.51
16	3.47	0.45	2.33	0.43
17	3.79	0.65	2.16	0.33
18	3.95	0.49	2.24	0.36
19	3.89	0.49	2.62	0.49
20	4.68	0.95	2.73	0.51
21	5.16	0.72	2.75	0.50
22	4.75	0.49	3.08	0.61
23	4.38	0.75	3.06	0.36
24	4.74	0.50	3.12	0.42
25	5.28	0.38	2.90	0.39
26	5.53	0.62	2.97	0.41
27	5.08	0.18	3.04	0.37
28	4.59	0.49	2.89	0.51
29	4.83	0.52	3.11	0.33
30	5.58	0.38	2.80	0.38

〈공감 총점〉

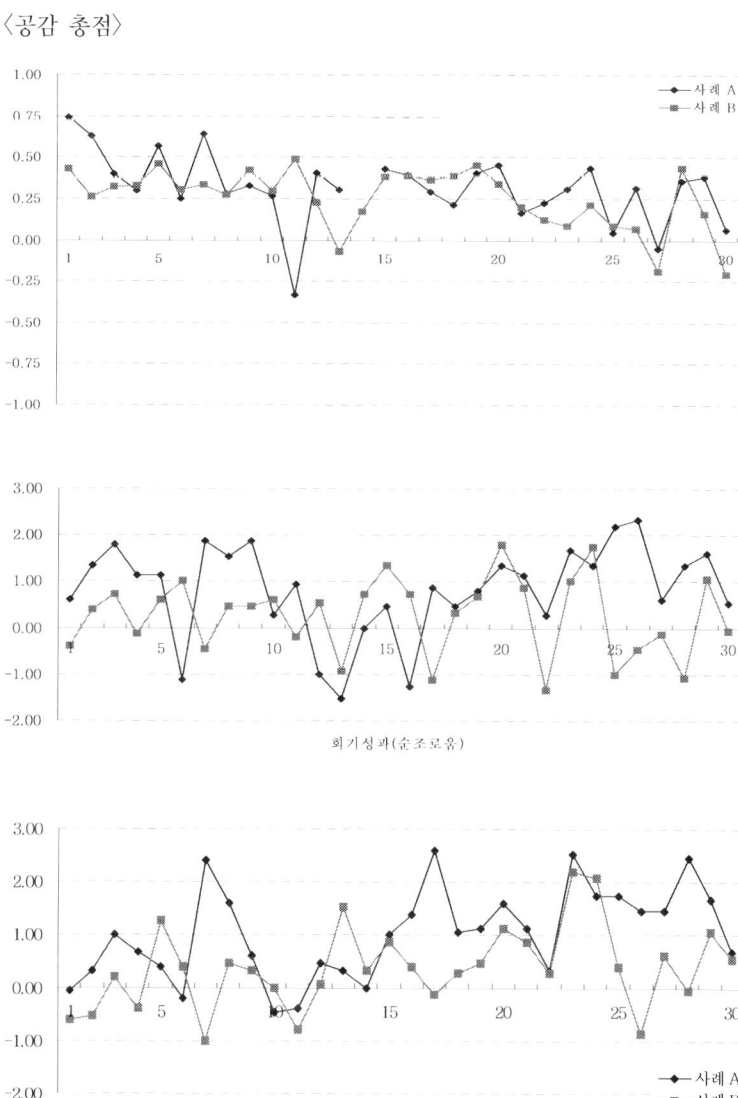

그림 9. 사례별 회기별 공감 총점과 체험수준과의 상관, 회기 순조로움 및 깊이

4.3.2 사례 A의 공감과 체험 간의 역상관 회기에 대한 질적 분석

사례 A의 경우 11, 27회기에서 공감 총점과 체험수준 간에 역상관을 보이는 이유를 찾기 위하여 회기 내용에 대한 질적 분석을 하였다. 그 결과 11회기에서는 상담자와 내담자가 상담의 자연스런 상호과정 흐름을 타고 있지 못함이 드러났다. 이 회기에서 상담자는 여기 그리고 지금 (here & now)에서 내담자가 상담 과정에서 상담자와 관계 맺는 방식을 내담자에게 강력하게 비추어 주고 있다. 이와 관련된 상담자의 반응을 인용하면 다음과 같다.

> 상9: (20초) 근데 00씨는 여기와서두 다 몽땅 다 혼자 해결을 하
> 려 하나?
> 상10: (0초) 아니. 그렇게 한다구.
> 상11: (1초) 늘. 내가 쭉 여지껏 본 건데. 여기 와서 다 혼자ㅡ
> 다 혼자 해결하는 것 같애. 하여튼 하여튼 혼자 해. 내가
> 끼어 들 틈이 없어.
> 상12: (3초) 끼어 들 틈이 없어. 혼자 작업해.
> 상13: (1초) 음. 관계를 그렇게 맺는다고. 그지?
> 상14: (5초) 어떤 관계를 맺는지를 보라는 거야. (네) 여기서 적
> 절한 관계를 맺고 있는 것인지 지금 현장에서.

상담자가 공감적인 태도로 현재 상담 장면에서 맺고 있는 관계를 내담자에게 비추어 주지 않고, 위에 예시한 바와 같이 비추었다고 하는 것은 상담자 안에서도 어떤 심리적 과정이 일어났음을 말한다. 이는 11회기를 마친 후 방금 마친 상담 회기에 대하여 상담자가 기술한 심정을 살펴보면, 이 회기에서 상담자의 공감 총점과 내담자의 체험수준 간에 큰 역상관(r = -.33)을 보이는 이유를 알 수 있다. 상담자가 이 회기를 마친 후

기술한 심정을 그대로 인용하면 다음과 같다.

"내담자가 자신의 감정에 지신이 없이 분노 이는 사건을 세밀하게 보고하여 상대방에게 대러적으로 화를 치멱게 함으로써 자신의 감정에의 정당성을 느끼는 방식을 취하는, 미약하긴 하지만 투사적인 동일시 방식으로서만이 자신의 감정을 수용할 수 있다. 이런 방식으로 자신의 감정과 생각은 없이 수동적으로 당했던 사건에 대한 지나친 세부 묘사와 더불어 문장을 반복해서 두 세 번씩 말하는 것을 듣고 있는 것이 지겹고 짜증스럽다. 나도 내담자에게 *listener*로서 수동적으로 듣기를 고문당하고 있다."

일반적인 상담의 과정에서 상담이 종결할 즈음이 되면 내담자는 상담자와 헤어지는 것에 대한 불안을 나타내며 새로운 문제를 내놓는 양상을 보인다(이형득 외, 1994). 26회기에서 내담자는 그동안 상담을 하면서 변화된 자신의 모습을 보고하고 있다. 이를 부분적으로 인용하면 다음과 같다.

내1: (10초) 올해 같은 경우는 작년하고 비교해 봤을 때 많이 달라졌다는 거를 느꼈어요. 그러니까 할 수 있는 선에서는 내가 하지만 나도 한계가 있는데, 그러니까 뭐 안 되는 건 안 된다고 얘기를 하고 그랬거든요.

내3: (0초) 제가 요즘 좀 기쁘게 생각하는 게 뭐냐 하면 그니까 전에는 제 몸이라든지 아니면 내 정신에 그니까 내가 수용할 수 있을 만큼의 그런 한계를 잘 몰랐던 거 같애요. 요즘에는 나는 요만큼 까지 밖에 못해 라는 거를 인제는 인정하게 됐어요.

내9: (3초) 요즘에는 내가 특별히 뭐 이렇게 정리를 해야 된다든지 뭔가 조직적으로 해내야 되 이렇게 생각하지 않는데도 의외로 생활들이 그러니까 좀 예전에 제가 원하던 것처럼 그렇게 되고 있다는 걸 느껴요. 그러니까 예전에는 정말 쓸데없이 소모되던 그런 에너지들이 이제 좀 어느 정도 집중이 돼서 편안한 곳에 부어지고 있다는 그런 느낌이 좀 들거든요? …… 전엔 캠퍼스를 걸어오면 사람들이 날 막 쳐다보는 것 같구 그랬는데, 요즘은 그냥 편안하게 걸어다녀요. 그런 것 두 저한테는 되게 큰 변화예요.

내12: (1초) 말 그대로 무장해제예요. 진짜 흐흐흐흐

그러나 27회기에서는 내담자가 그동안 변화되었던 보고들에 대하여 다시 걱정하고 염려하면서 새롭게 문제를 내놓고 있다(내3, 26). 이에 대해 상담자는 내담자가 내놓는 자료를 구체적으로 탐색해 들어가지 않고 있다(상3, 26). 상담자와 내담자 간의 상호작용을 부분적으로 인용하면 다음과 같다.

내3: (2초) 제가 이걸 떠올리면서 놓쳤던 게 뭐냐면은 상담하는 도중에도 이 경' 이ㅡ일에 대해선 하나도 생각이 안 났거든요? (음) 그러구 상담하면서 어렸을 때 일을 되게 많이 음ㅡ 기억하고 그랬는데 이건 한번도 생각이 안 났었거든요. 근데 갑자기 막 생각이 나서ㅡ (음) 아 이런 부분이 참 있었구나 하면서 되게 놓쳤ㅡ고.

상3: (1초) 지난 시간ㅡ 상담하고 가서 그런 게 좀 그 (예) 상담한 내용에서 많이 자극이 됐을 수 있지.

내26: (1초) 아니 제가 궁금한 거는 왜 이렇게 됐나예요. 그러니까 왜 이렇게 하는 건가. 지금 그러니깐.

상26: (0초) 흐름이 있겠지. (네) 자기 속에 담' 자기 속에 담이

있어. 넓한테 닳이 있는 게 아니라 자기 속에. 자기가 그
렇게 하고 있으면 그렇게 하는 나름의 흐름이 있겠지. 그
거 드려다 봐야지.

그러므로 이 회기에서 상담자의 공감과 내담자의 체험수준 간에 약한
부적 상관(r = -.05)이 나타남을 이해할 수 있다.

4.3.3 성공적인 상담과 관련 있는 공감 차원

표 20에 의하면, 사례 A의 경우에는 공감 총점 및 상담자의 모든 공
감 차원과 체험 수준 간에 높은 정적 상관을 보이고 있고, 이에 비하여
사례 B의 경우에는 공감의 표현력 차원을 제외한 모든 공감 차원 및 공
감 총점과 체험 수준 간에 역상관을 보이고 있다. 그 중에서도 특히 공
감 총점 및 내담자 감정과 협력성 차원은 체험수준과 유의미한 부적 상
관을 나타내고 있다. 즉 사례 A는 체험수준과의 상관에서 공감 총점과 r
= .829***, 내담자 감정과 r = .735***, 그리고 협력성과 r = .822***을
나타내고 있다. 한편, 사례 B는 체험수준과의 상관에서 공감 총점과 r =
-.408*, 내담자 감정과 r = .-465**, 그리고 협력성과 r = -.650***을 나
타내고 있다. 따라서 8개의 모든 공감 차원 중에서도 내담자 감정과 협
력성 차원이 상담의 성공과 비성공을 가르는 중요한 공감 차원이 될 수
있음을 말한다. 이를 사례별 회기별 변수 간의 관계 변화를 좀 더 정밀
하게 분석해 봄으로써 내담자 감정과 협력성 차원이 상담의 성공과 비성
공을 가르는 중요한 공감의 두 하위 차원이 될 수 있는지를 알아보고자
하였다. 이를 그림 10, 11에 제시하고, 공감 총점 및 나머지 공감 차원들
과 체험수준 간의 상관은 부록 8에 제시하였다.

그림 10에 의하면, 내담자 감정 차원의 경우 사례 A는 상담자 공감의

내담자 감정 차원과 내담자 체험수준 간에 뚜렷한 부적 상관을 나타내는 11, 25 회기, 그리고 약한 부적 상관을 나타내는 21, 30회기를 제외하곤 정적 상관을 나타내고 있다. 이에 비하여 사례 B의 경우에는 부적 상관을 나타내는 회기가 13, 21, 22, 25, 26, 27, 29, 그리고 30회기에서 부적 상관을 나타내고 있다. 따라서 공감의 내담자 감정 차원이 상담의 성공과 비성공을 가르는 주요한 차원임이 드러났다. 즉 상담자가 내담자의 감정을 민감하게 포착하여 반영할 수 없다면, 상담은 실패로 끝날 수밖에 없음을 말한다.

그림 11에 의하면, 공감의 협력성 차원과 체험수준과의 관계에서 사례 A가 B에 비하여 정적상관을 나타내는 회기가 훨씬 더 많음을 알 수 있다. 사례 A는 10, 11, 그리고 25회기의 부적 상관, 30회기의 상관없음을 제외한 모든 회기에서 협력성 차원과 체험수준 간에 정적 상관을 나타내고 있다. 이에 비하여 사례 B는 1, 6, 8, 12, 13, 14, 18, 23, 26, 27, 29, 그리고 30회기에서 협력성 차원과 체험수준 간에 부적 상관을 나타내고 있다. 이는 상담자 공감의 협력성 차원이 상담의 성공과 실패를 가름하는 중요한 차원임을 말한다. 즉 상담자와 내담자 간의 협력이 이루어지지 않는다고 하면, 상담은 성공할 수 없음을 의미한다.

〈내담자 감정〉

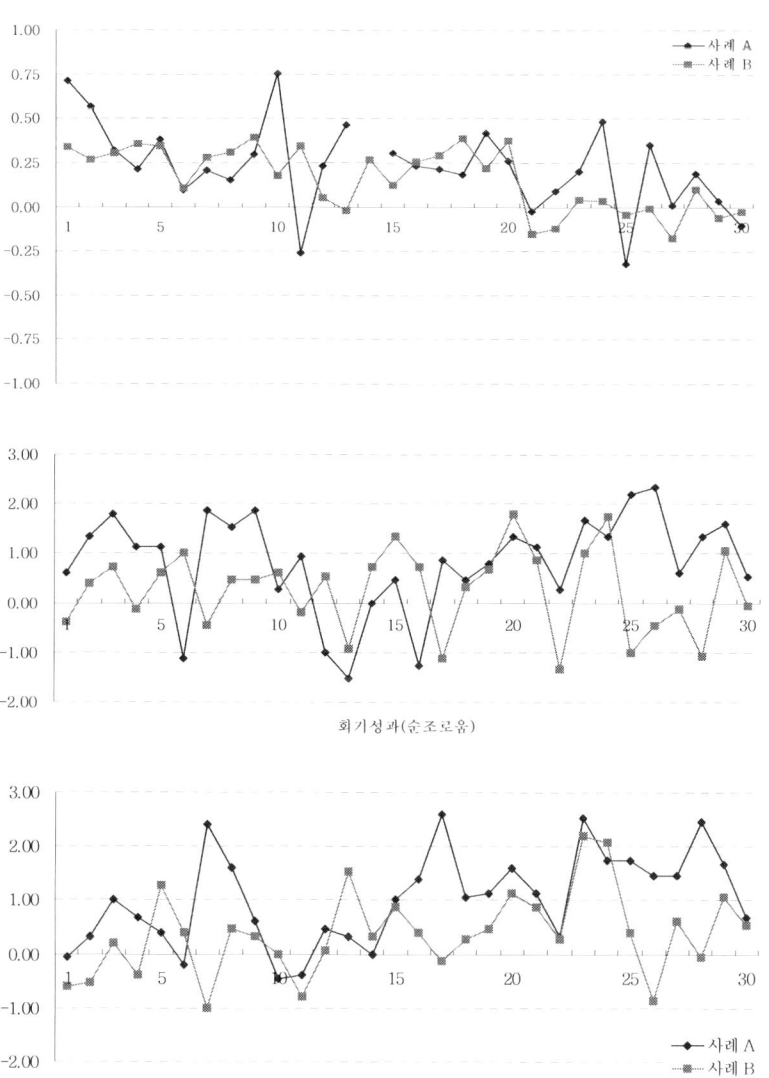

그림 10. 사례별 회기별 내담자 감정과 체험수준과의 상관, 회기
순조로움 및 깊이

〈협력성〉

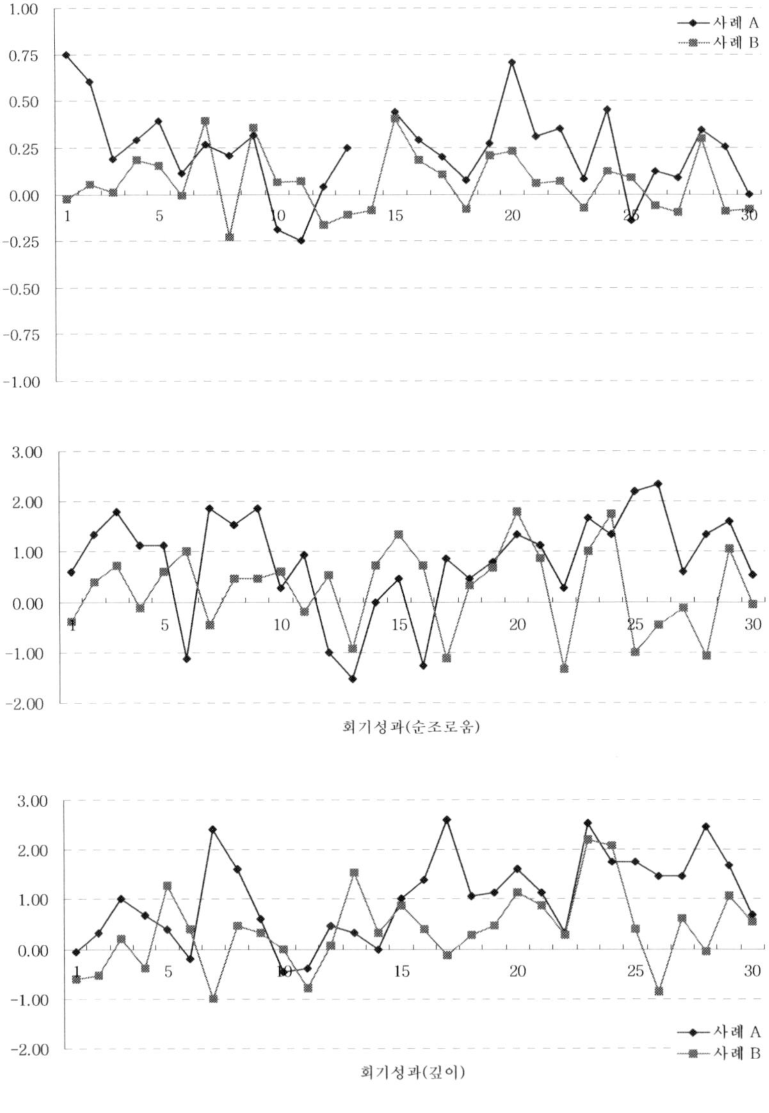

그림 11. 사례별 회기별 협력성과 체험수준과의 상관, 회기 순조로움 및 깊이

4.3.4 사례 A의 성공 회기와 비성공 회기의 비교 분석

사례 A의 경우 상담 중기 단계에서 성공 회기(10)와 비성공 회기(11)의 공감과 체험수준에 어떤 변화가 일어나는지를 살펴보기 위하여 boxplot(그림 12, 13, 14)을 그려보았고, 그에 대한 평균과 표준편차를 표 27, 28, 그리고 29에 제시하였다. 상담의 중기 단계를 택한 이유는 이 단계가 상담자와 내담자가 협력하여 상담 목표를 향하여 실제적인 작업을 하는 단계이기 때문이다.

boxplot에서 박스 안의 짙은 선은 중앙값을, 네모 박스는 표준 편차 안에 분산되어 있는 값들을, 그리고 네모 박스밖에 있는 실선은 표준편차 밖에 분산되어 있는 값들을 나타낸다.

그림 12와 표 27에 의하면, 사례 A의 경우 성공 회기(10)는 비성공 회기(11)에 비하여 체험수준의 중앙값과 평균이 높게 나타났다. 그러나 분산 및 표준편차는 10회기가 11회기에 비해서 좀 더 크게 나타났다. 그러나 전체적으로 볼 때 내담자가 11회기에서보다 10회기에서 더 깊은 체험을 하였음을 말한다.

그림 13과 표 28에 의하면, 사례 A의 경우 성공 회기(10)는 비성공 회기(11)에 비하여 공감 총점의 중앙값과 평균이 높게 나타났다. 그러나 표준편차는 11회기보다 10회기가 약간 더 크게 나타났으며, 분산은 10회기보다 11회기가 더 크게 나타났다. 전체적으로 볼 때 11회기에서보다 10회기에서 상담자가 내담자에게 공감을 더 잘 하였음을 말한다.

그림 14와 표 29에 의하면, 사례 A의 경우 성공 회기(10)는 비성공 회기(11)에 비하여 공감의 모든 하위 차원들의 중앙값 및 평균이 높게 나타났다. 표준편차는 표현력, 말 허용하기 대 압도하기, 그리고 탐색이 10회기가 11회기보다 크게, 탐색의 효과는 10회기와 11회기가 같게, 그 외의 공감 차원들은 11회기가 10회기보다 더 크게 나타났다. 분산은 탐색을 제외한 모든 공감 차원들이 10회기보다 11회기가 더 크게 나타났

110

다. 이 결과는 전체적으로 11회기에서보다 10회기에서 상담자가 내담자의 감정을 잘 반영해 주고, 내담자가 미처 언급하지 않은 것을 상담자가 의미 있게 추론해서 내담자의 준거틀을 확장해 주며, 내담자의 핵심문제를 다루고, 적절한 언어와 목소리로 의사소통하며, 내담자가 자유롭게 표현할 수 있도록 분위기를 만들어 주고, 그리고 내담자가 자신을 탐색하도록 적극적으로 촉진하여 내담자가 새로운 자료를 내놓도록 했음을 의미한다.

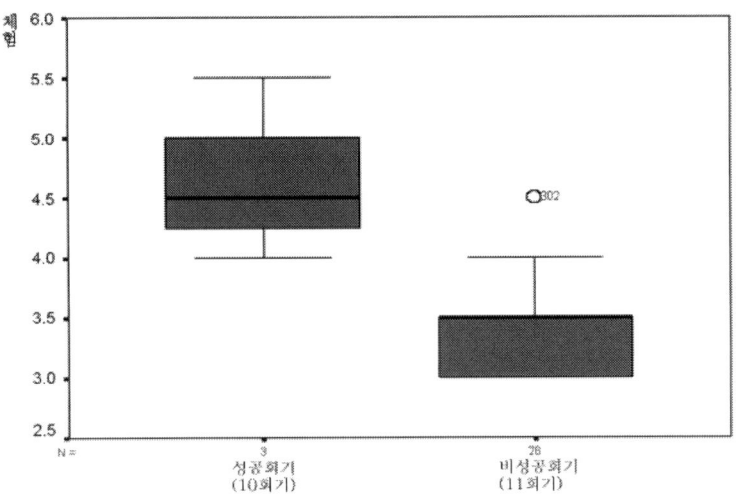

그림 12. 사례 A의 성공 회기와 비성공 회기의 체험수준 점수 분포 비교

표 27. 사례 A의 성공 회기와 비성공 회기의 체험수준의 평균과 표준편차

상담회기	성공회기(10)	비성공회기(11)
평 균	4.67	3.40
표준편차	.76	.45

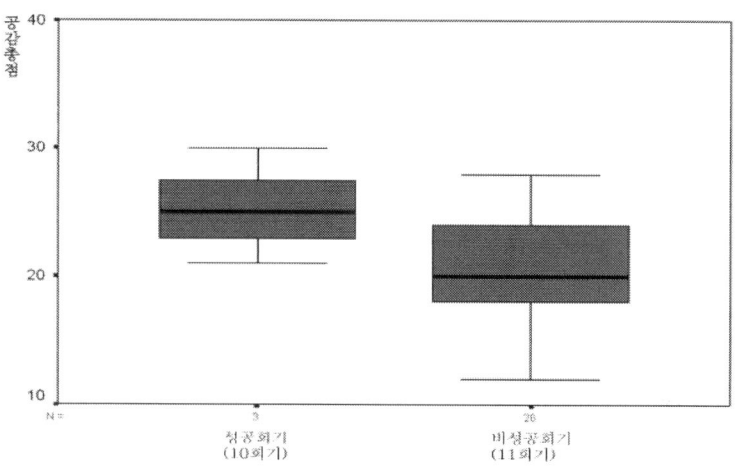

그림 13. 사례 A의 성공 회기와 비성공 회기의 공감 총점 점수 분포 비교

표 28. 사례 A의 성공 회기와 비성공 회기의 공감 총점의 평균과 표준편차

상담회기	성공회기(10)	비성공회기(11)
평 균	25.33	20.54
표준편차	4.51	4.25

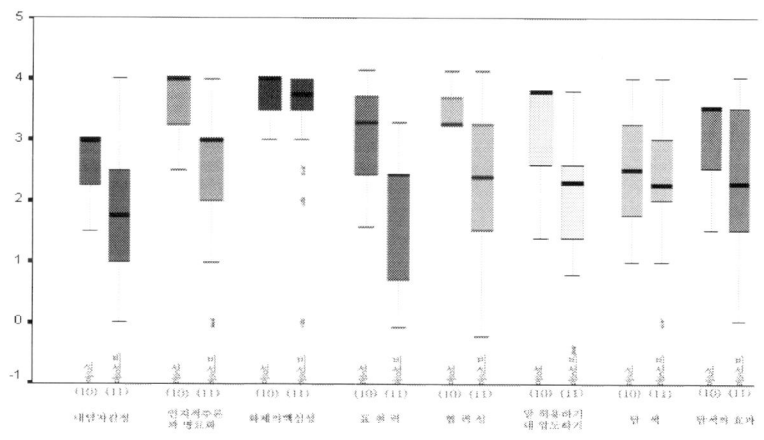

그림 14. 사례 A의 성공 회기와 비성공 회기의 공감의 각 하위 차원들의 점수 분포 비교

표 29. 사례 A의 성공 회기(10)와 비성공 회기(11)의 공감의 각 하위 차원들의 평균
과 표준편차

공감 차원	내담자 감정		인지적 추론과 명료화		화제의 핵심성		표현력		협력성		말 허용하기 대 압도하기		탐 색		탐색의 효과	
회기	10	11	10	11	10	11	10	11	10	11	10	11	10	11	10	11
평균	2.50	1.73	3.50	2.56	3.67	3.46	3.33	2.77	3.67	2.90	3.33	2.52	2.50	2.35	2.83	2.25
표준 편차	.87	1.08	.87	1.02	.58	.88	.76	.64	.29	.72	1.15	.83	1.50	.90	1.15	1.15

제5장 논 의

5.1 상담단계에 따른 변수별 분석

상담단계에 따른 변수별 분석에서 연구 결과가 시사하는 바를 논의하면 다음과 같다.

첫째, 상담단계와 전 회기에 걸친 상담자 공감 반응의 추세를 알아본 결과, 상담단계에 따라 공감의 정도에 차이가 있는 것으로 나타났다. 사례 A는 상담단계와 회기가 진행될수록 상담자의 공감반응이 증가하는 것으로 나타났다. 이에 반해 사례 B는 상담단계와 회기가 진행될수록 상담자의 공감반응이 감소하는 것으로 나타났다(표 5, 8; 그림 4). 이러한 결과는 상담 초기와 중기 간의 공감의 정도에 있어서 아무런 차이를 발견할 수 없었던 문현미(1989)의 연구 결과와 대조를 이룬다. 본 연구에서의 이러한 결과는 상담이 상담자 혼자만의 작업이 아니라 내담자와 같이 하는 작업이므로, 상담자의 공감이 내담자에게 잘 지각되어 내담자가 자신에 대한 정보를 더 개방하고 더 깊이 탐색하면서 상담자의 내담자에 대한 공감이 더욱 깊어지는, 이러한 상호작용이 나선적으로 상승 순환되어 나타난 결과로 보여진다. 이에 반하여 사례 B의 경우에는 상담자가 내담자의 자기 탐색을 돕기 위한 개입을 해도 내담자의 내성하는 힘이 부족[2]하기 때문에 더 이상 깊어지지 않고 얕은 수준에 머물러 있으며, 이와 더불어 내담자에 대한 상담자의 공감도 얕아지는 악순환이 반복되기 때문에 나타난 결과라 여겨진다. 이러한 결과로 미루어 볼 때 효과적인 상담이 되기 위해서는 상담자의 공감 능력뿐만 아니라 내담자 요인도 중요하다고

---

[2] 상담자의 탐색적 개입에 내담자는 '모르겠다'라는 반응을 많이 한다.

할 수 있다. 이는 사례 A와 B가 동일한 상담자에 의해 이루어진, 상담자 조건이 통제되어 나온 결과이기 때문에 타당하다 할 수 있다.

둘째, 상담단계와 전 회기에 걸친 내담자 체험수준의 추세를 알아 본 결과, 사례 A와 B는 상담단계와 회기가 진행됨에 따라 내담자의 체험수준이 증가하는 것으로 나타났다(표 9, 12). 이는 상담 초기, 중기, 말기를 가장 많이 차지하는 내담자의 체험수준이 2이고, 단지 내담자의 체험수준 3이 상담 초기에 비해서 중기와 말기에 증가했음을 보여준 금명자(1994)의 연구와 다른 결과를 보여주는 것이다. 본 연구에서 나타난 상담단계에 따른 내담자 체험수준의 변화를 전 회기에 걸쳐 좀 더 자세히 드려다 보면, 사례 A의 경우에는 1회기에 체험수준 2로 시작하여 회기가 진행되면서 차츰 체험수준이 깊어져서 종결 시에는 체험수준 6으로 종결되었다(그림 6). 이에 비하여 사례 B의 경우에는 체험수준 2로 시작하여 체험수준 3으로 종결되었음을 알 수 있다. 상담과 심리치료에서 상담자가 내담자를 대상으로 실제적으로 치료 작업을 하는 단계가 4, 5단계라고 한다(Rogers, 1961)면, 사례 B는 회기가 30회나 진행되었지만 체험수준 3으로 종결되었으므로, 실제적으로 내담자의 변화와 관련되는 치료적인 작업이 전혀 일어나지 않았다고 볼 수 있다. 이에 반하여, 사례 A는 상담 초기 단계에서 약 단계 3의 체험수준에 머물러 있다가 중기에는 체험수준 4, 말기에는 체험수준 5, 그리고 종결 시에는 체험수준 6으로 변화되는 양상을 보여주고 있다. 이러한 결과는 도움을 받으러 오는 대부분의 내담자들이 3단계에 있으며, 실제적으로 심리치료를 구성하는 단계가 4, 5단계라고 하는 Rogers(1961)의 주장을 확인시켜 주는 것이다. 또한 Rogers(1961)는 단계 6을 매우 중요하게 보았는데, 이는 내담자의 체험이 즉시적이고 충분하게 내담자의 자기 개념 속으로 수용되는 순간이며, 단계 6의 체험은 그 이전 단계로 돌아가지 않는 경향성을 가지기 때문이라고 하였다. 사례 A의 경우 종결 시에 체험수준 단계 6을 보여주고 있는데, 이는 내담자가 상담을 통하여 부정적인 자기개념이 긍정적

인 자기개념으로 변화되었음을 말해준다. 이러한 변화는 상담의 최종 성
과를 측정하는 MMPI와 SCL-90-R 검사의 변화된 프로파일에서 확인할
수 있다(그림 1, 2). 또한 내담자의 자아강도가 상담 전에 비해 싱담 후
에 상당히 높아진 것으로도 확인된다(표 2). 이러한 변화는 4개월 후의
추수검사에서도 계속 유지되고 있음을 확인할 수 있다. 내담자의 체험수
준이 상담단계가 진행됨에 따라 깊어지는 본 연구의 결과는 집단상담에
서 상담단계가 진행됨에 따라 집단구성원들의 체험수준이 깊어짐을 밝힌
심혜숙, 한기백(1996)의 연구 결과와 일치한다.

셋째, 상담 회기성과 평정에서 전체적으로 볼 때 3명의 평정자들 간의
일치율에 있어서 유의미한 정적 상관이 있었다(표 13). 상담 회기성과의
순조로움 차원은 그 상담 시간의 좋은 느낌을 반영하는 것이고, 깊이 차
원은 상담시간 자체의 효율성을 평가하는 것이다. 이러한 맥락에서 볼
때 3명의 평정자들 간의 일치율이 높았다는 것은, 효과적인 상담이 되기
위해서는 회기성과의 두 차원을 다 포함하는, 즉 순조로우면서도 깊이
있는 상담이 되어야 함을 시사해 준다. 이러한 결과에 비추어 보면, 좋은
상담시간(good therapy hour)은 회기 순조로움과 회기 깊이 두 차원을
포함하는, 즉 순조로우면서도 깊이 있는 상담시간을 의미한다고 할 수
있다. 또한 평정자들 간의 일치율이 높은 것은 효율적인 상담에 대해 객
관적인 평정자와 상담자가 모두 유사하게 지각하여 평가하게 되는 경향
이 있음을 말해주는 것이다.

그러나 사례별로 나누어 보면, 각 평정자들 내에서의 회기 순조로움과
회기 깊이 간의 상관은 차이를 보이고 있다(표 14). 즉 객관적인 평정자
1은 사례 A에 대해서만, 객관적인 평정자 2는 사례 B에 대해서만 정적
상관을 보이고 있는 데 반해, 상담자는 두 사례 모두에 있어서 회기 순
조로움과 회기 깊이 간에 정적 상관을 보이고 있다. 이는 상담자와 객관
적인 평정자가 상담의 회기성과를 각기 다르게 지각하여 평가할 수 있음
을 시사해 주는 것이다.

　넷째, 상담단계에 따른 회기성과의 차이를 사례별로 알아 본 결과, 사례 A와 B 모두에 있어서 단계 간의 유의미한 결과를 발견할 수 없었다 (표 15). Rogers(1961)에 의하면, 상담의 성과는 회기가 진행됨에 따라 직선적으로 상승하는 것이 아니라, 상담이 앞으로 나아가는 듯 하다가 정체되기도 하고 때론 후퇴하기도 하면서 결국에는 앞으로 나아간다. 상담단계에 다른 회기성과에 유의미한 결과가 나타나지 않은 것은 Rogers의 이러한 주장을 뒷받침하는 것이라 할 수 있다.

　그러나 전 회기에 걸친 회기성과의 추세분석 결과, 전체적으로 볼 때 사례 A와 B 모두 회기 순조로움에 있어서는 유의미한 관계가 발견되지 않았지만 회기 깊이에 있어서는 두 사례 모두에 있어서 유의미한 직선적 관계가 발견되었다(표 19). 이는 앞에서 논의한 내담자의 체험수준과 관련이 있을 것으로 생각된다. 체험수준은 심리치료에서 내담자가 자신의 내면에 주의를 집중하고, 내면에 대한 자각을 확장해 나가며, 내면의 탐색에 노력을 기울이는 정도를 말한다. 따라서 내담자의 체험수준은 회기의 깊이와 밀접히 관련될 수 있다. 앞의 논의에서 체험수준의 추세분석 결과가 두 사례 모두에 있어서 회기가 진행됨에 따라 높아지는 경향성을 보였는데, 이는 회기진행에 따라 회기성과의 회기 깊이 차원이 깊어지는 경향성과 나란하다고 할 수 있다. 이러한 관계성은 내담자의 체험수준과 회기성과 간의 관계를 살펴보는 연구 결과에서 뒷받침되었다(표 24). 즉 사례 A의 경우 내담자의 체험수준과 회기성과 깊이 차원 간에 높은 정적 상관을 보였다. 이러한 연구 결과는 성공적인 상담일 경우, 회기가 진행됨에 따라 내담자의 체험수준이 높아지면서 깊이 있는 효율적인 상담이 됨을 말해주는 것이다.

5.2 상담단계에 따른 변수 간의 관계

상담단계에 따른 변수 간의 관계에서 연구 결과가 시사하는 바를 논의하면 다음과 같다.

첫째, 상담자의 공감반응과 내담자 체험수준과의 관계에서는 이 두 변인 간에 매우 높은 정적 상관이 발견되었는데(표 20), 이는 Rogers 등(1967)의 연구 결과와 일치하는 것이다. 특히 사례 A의 경우, 이 두 변인 간의 상관이 매우 높게 나왔는데, 이는 성공적인 상담에서 상담자의 공감 반응이 내담자의 체험수준을 깊게 하는데 매우 중요한 역할을 한다는 것을 시사한다. 또한 상담단계에 따라 상담자 공감반응의 8개의 하위 차원이 내담자의 체험수준과 어떤 관계에 있는지를 알아본 결과, 사례 A의 경우 상담 중기에서 화제의 핵심성을 제외한 상담자의 모든 공감 차원과 내담자의 체험수준 간에 유의미한 정적 상관이 있는 것으로 나타났다(표 21). 이는 화제의 핵심성이 모든 공감 차원 중에서 가장 핵심적인 차원임을 밝혔던 Elliott 등(1982)의 연구 결과와 다르게 나타난 것이다. 이러한 결과가 나온 것은 상담자가 내담자보다 앞서 나아갔기 때문에 나타난 결과라고 생각된다. 즉 내담자가 충분히 준비되기 전에 상담자가 내담자의 핵심 문제를 언급하였기 때문에 나타난 결과라 여겨진다.

그러나 사례 A와 B를 모두 합하여 전체적으로 두 변인 간의 관계를 살펴본 결과, 상담 초기에서는 두 변인 간의 유의미한 정적 상관이 나타나지 않았다. 한편, 상담 중기와 말기에서는 상담자의 모든 공감 차원과 내담자 체험수준 간에 높은 정적 상관을 발견할 수 있었다(표 21). 상담 초기에서 두 변인 간의 유의미한 정적 관계가 나타나지 않은 것은, 상담 초기는 상담자가 내담자와 관계를 형성하는데 주력하는 단계이므로, 상담자의 공감이 내담자의 체험수준을 깊게 하는 데까지는 영향을 미치지 못하였기 때문에 나타난 결과라 생각된다. 이는 초기 단계에서 내담자의 체험수준이 단계 3(체험수준 2. 5)에 있는 것을 보아도 알 수 있다(그림 5). 이에 비하여 상담 중기는 상담자와 내담자 간에 형성된 관계를 토대로 하여 실제적으로 작업이 일어나는 단계이므로 상담자의 적절한 공감 반응이 내담자의 체험수준을 깊게 하였고, 이러한 경향성이 말기에도 계속 지속되었기에 나타난 결과라 생각된다. 이러한 결과는 상담자의 공감 반응이 상담 중기와 말기에 내담자의 체험수준을 깊게 하는데 매우 중요한 역할을 한다는 것을 시사한다.

둘째, 상담자의 공감 반응과 회기성과와의 관계를 살펴보면, 전체적으로 상담자의 모든 공감 차원과 회기 순조로움 차원, 회기 깊이 차원 간에 유의미한 정적 상관이 있었다(표 22, 23). 즉 상담자의 모든 공감 반응 차원이 상담을 순조롭고 깊게 하는 것과 관련 있는 것으로 나타났다. 상담자가 내담자의 감정을 반영해 주고, 내담자가 미처 언급하지 않은 것을 상담자가 의미 있게 추론해서 내담자의 준거틀을 확장해 주며, 내담자의 핵심 문제를 다루고, 적절한 언어와 목소리로 내담자와 의사소통하며, 내담자가 자유롭게 표현할 수 있는 분위기를 만들어 주며, 그리고 내담자가 자신을 탐색하도록 적극적으로 촉진하여 내담자가 새로운 자료를 내놓도록 하는 등의 상담자의 모든 공감 반응들이 상담을 순조롭고 깊이 있게 이끄는 것으로 나타났다. 이러한 결과는 상담자의 공감반응이 상담의 효율성과 밀접히 관련되어 있음을 시사한다.

상담단계에 따른 상담자의 공감 반응과 회기 순조로움 간의 관계를 살펴본 결과, 상담 초기에는 화제의 핵심성과 회기 순조로움 간에 강한 부적 상관이 있는 것으로 나타났다(표 22). 또한 상담 초기에 화제의 핵심성과 회기 깊이 간에도 강한 부적 상관이 나타났다(표 23). 이는 아직도 내담자의 핵심 문제를 다루기엔 이른 상담 초기 단계에서 상담자가 내담자의 문제에 너무 초점을 맞추어서 나타난 결과라 생각된다. 즉 상담 초기 단계에서 상담자가 내담자의 핵심 문제에 너무 초점을 맞추는 것은 상담이 효과적으로 진행되는 것을 방해할 수 있음을 반영하는 것이다.

그러나 상담 중기에서는 상담자의 모든 공감 차원이 회기 순조로움, 회기 깊이와 정적 상관이 있는 것으로 나타났다(표 22, 23). 이러한 결과는 상담의 정점(highlight)을 구성하는 상담 중기에서 상담자의 모든 공감 반응이 상담을 순조롭고 깊게 하는데 매우 중요한 역할을 함을 의미한다. 즉 상담자가 내담자의 감정을 반영해주고, 내담자가 미처 언급하지 않은 것을 상담자가 의미 있게 추론해서 내담자의 준거틀을 확장해 주며, 내담자의 핵심 문제를 다루고, 적절한 언어와 목소리로 내담자와 의사소통하며, 내담자의 말을 가로막거나 압도하지 않고 내담자에게 말할 기회를 허용해 주며, 그리고 내담자가 자신을 탐색하도록 적극적으로 촉진하여 내담자가 새로운 자료를 내놓도록 하는 등의 상담자의 모든 공감 반응들이 상담 중기에서 순조롭고 깊이 있는, 즉 효율적인 상담과 관련이 있음을 시사 받을 수 있다.

상담 말기에서는 상담자의 공감 반응 차원 중 내담자의 감정, 탐색의 효과와 회기 깊이 간에 유의미한 상관관계가 나타났다(표 23). 이는 상담자가 내담자의 감정을 반영하고, 내담자를 탐색시키기 위한 상담자의 개입이 효과를 발휘하면서 회기의 깊이가 깊어졌음을 의미한다.

이상의 결과를 요약하면, 상담자의 공감반응은 상담의 성과와 매우 높은 상관을 가지고 있다. 또한 상담자의 공감반응이 상담의 효과와 관련 있는 상담단계는 주로 중기이다. 이는 문현미(1989)의 결과와 일치되는 것이다.

셋째, 내담자의 체험수준과 회기성과 간의 관계에서 사례 A와 B를 종합하여 전체적으로 본 결과, 내담자의 체험수준과 3명의 평정자가 평정한 평균 회기 순조로움, 평균 회기 깊이 간에 유의미한 정적 상관이 발견되었다(표 24). 특히 사례 A의 경우, 내담자의 체험수준과 3명의 평정자가 평정한 평균 회기 순조로움, 평균 회기 깊이 간에 유의미한 정적 상관이 있었다. 이에 반하여 사례 B의 경우에는 유의미한 관계를 발견할 수 없었다. 이러한 결과는 내담자의 체험수준이 높아지는 것이 상담이 순조롭고 깊게 진행되는, 즉 상담의 효율성과 밀접히 관련되어 있음을 시사한다.

또한 상담단계에 따른 내담자의 체험수준과 회기성과 간의 관계를 살펴본 결과, 사례 A의 경우, 상담 중기에서만 내담자의 체험수준과 3명의 평정자가 평정한 평균 회기 순조로움 간에 유의미한 정적 관계가 있는 것으로 나타났다. 그러나 사례 B의 경우에는 어떠한 정적 관계도 발견할 수 없었다(표 24). 이러한 결과는 성공적인 상담의 경우, 상담 중기에서 내담자의 체험수준이 깊어지는 것과 상담이 순조롭게 진행되는 것 간에 밀접한 관련이 있음을 시사한다. 즉 상담 중기에 내담자가 자신의 주관적인 사적 체험이나 감정에 몰입하여 이를 자발적으로 분명히 드러내고 표현함으로써(상담 중기에서 내담자의 체험수준은 단계 4, 그림 5), 상담이 순조롭게 이루어졌음을 말한다.

사례 A의 경우, 상담 중기에서 내담자의 체험수준과 2명의 객관적인 평정자가 평정한 회기성과와 상담자가 평정한 회기성과 간의 관계에 있어서 차이를 보였다. 즉 평정자의 경우에는 순조로움 차원에서만 유의미한 정적 관계가 나타났으나, 상담자의 경우에는 순조로움과 깊이 차원 모두에서 유의미한 정적 상관이 나타났다(표 24). 이는 회기의 효율성을 객관적인 평정자와 상담자가 서로 다르게 지각하여 평가할 수 있음을 시사한다.

사례 A의 경우, 상담 말기에 상담자가 평정한 회기 깊이와 내담자 체험수준 간에 강한 부적 상관이 나타났다. 이는 상담이 종결할 때가 다가왔는데도 불구하고 상담자가 내담자 문제를 계속 다루려고 하였기 때문에 나타난 결과라 생각된다. 따라서 상담을 종결할 시기가 다가오면, 상담자는 내담자에게 자신의 문제를 계속 직면시키기보다는 그동안 상담과정에 일어났던 변화들을 정리하면서 내담자가 상담자로부터 독립할 수 있도록 돕는 것이 필요하다는 것을 시사해 준다.

5.3 사례별 회기 내 변수들의 변화 분석

사례별 회기 내 변수들의 변화 분석에서 연구 결과가 시사하는 바를 논의하면 다음과 같다.

첫째, 사례별로 회기 간, 회기 내에서의 변화를 살펴본 결과, 사례 A 가 B에 비해서 공감과 체험수준 간의 정적 상관을 나타내는 회기가 많 았으며, 특히 공감의 내담자 감정과 협력성 차원이 상담의 성공과 실패 를 가르는 중요한 두 가지 공감 차원임이 드러났다. 이는 상담자와 내담 자가 상담 목표를 향하여 서로 협력하고, 상담자는 내담자 감정을 민감 하게 포착하여 이를 내담자에게 반영해 주는 것이 상담을 성공으로 이끄 는 데 매우 중요한 공감적 요소임을 말해주는 것이다.

둘째, 사례 A의 성공 회기 10회기와 비성공 회기 11회기, 사례 B의 비 성공 회기 13회기의 공감과 체험수준 간의 회기 내 변화를 살펴본 결과, 상담자가 공감을 잘하면 내담자의 체험수준이 깊어지고, 상담자가 내담 자의 감정을 잘 반영해 주지 못하면, 내담자의 체험수준도 깊어지지 않 는 것으로 나타났다. 즉 공감과 체험이 같이 가는 패턴을 발견할 수 있 었다. 이는 내담자 변화의 중요한 한 지표인 체험수준을 깊게 하는 데 있어서 상담자의 공감이 매우 중요하다는 것을 말한다. 마지막으로, 본 연구에서 사용된 두 사례는 동일 상담자에 의해 이루어진 것이다. 상담 자와 상담 회기의 변인이 통제된 조건하에서 사례 A와 B의 성공 여부 가 다르게 나타났다. 지금까지의 연구들은 상담을 성공적으로 이끄는 데 있어서 주로 상담자 변인의 중요성을 많이 강조하여 왔다. 그러나 본 연 구에서 나타난 바와 같이 상담의 성공 여부는 상담자뿐만 아니라 내담자 요인도 작용함을 시사한다.

제6장 요약, 결론 및 제언

6.1 요 약

상담자의 공감 반응은 내담자중심 이론을 포함한 모든 치료적 접근에서 내담자의 변화를 가져오기 위한 중요한 요인임이 인정되고 있다. 그러나 공감과 상담성과 간의 관계에 대한 기존의 연구 결과들은 일치하지 않는다. 이는 연구자들이 공감을 개념화하는 방식에 있어 서로 차이가 있으며, 그들이 조작적으로 정의한 실험적 공감을 연구 실제에서 제대로 측정하고 있는지의 문제와 관련이 있는 것으로 지적되었다. 또한 상담자 공감의 성과 측정을 주로 최종 성과와 관련지어 연구하였기 때문인 것으로 논의되었다.

이에 본 연구에서는 상담과정에서 상담자의 공감반응이 상담성과와 어떻게 관련되는지를 탐구하였다. 즉 상담자 공감반응의 즉시적인 영향을 알아보기 위하여, 상담자의 공감반응과 내담자의 체험수준과의 관계를 살펴보았다. 상담의 즉시적인 성과인 내담자의 체험수준과 중간성과인 회기성과 간의 관계를 살펴보았다. 그리고 상담자의 공감 반응과 중간성과인 회기성과 간의 관계를 살펴보았다. 이러한 관계를 MMPI, SCL-90-R, 그리고 상담성과질문지로 측정한 두 사례에서 살펴보았다.

또한 상담의 시기 변인을 고려하여 상담의 진행 단계를 초기, 중기, 그리고 말기로 나누어 상담의 각 단계에 따라 위에 제시한 변인들 간의 관계를 탐구하였다. 또한 전 회기에 걸쳐서 각각의 변인들, 즉 상담자의 공감반응, 내담자의 체험수준, 그리고 회기성과가 어떠한 추세를 보이는지를 분석하였다.

이러한 연구를 위하여 내담자들에게 상담 시작 전, 매 10회기가 끝난 후, 종결 직후, 그리고 4 내지 6개월 후에 MMPI와 SCL-90-R이 실시되었고, 상담성과질문지는 상담 시작 전을 제외하곤 앞에서 제시한 동일한 시기에 실시되었다. 또한 본 연구에서는 동일한 상담자의 30회기로 합의 종결된 두 사례를 사용하였다. 이들 사례에 대한 축어록을 작성하여 상담자의 공감 반응과 내담자의 체험수준을 두 명의 객관적인 평정자가 평정하였고, 상담회기 평가는 두 명의 객관적인 평정자와 상담자가 각각 평정하였다. 상담자의 공감은 Elliott 등(1982)의 다차원적 공감반응척도(Multidimensional Response Empathy Scale)를 사용하여 평정하였고, 내담자의 체험수준은 Klein 등(1970, 1986)의 체험 척도(Experiencing Scale)를 사용하여 평정하였다. 또한 상담의 회기성과는 회기성과질문지로 평정하였다.

본 연구의 결과를 요약하면 다음과 같다.

첫째, 상담단계와 전 회기에 걸친 상담자 공감반응의 변화는 상담단계에 따라 공감 반응의 차이가 있는 것으로 나타났다. 사례 A는 상담단계와 회기가 진행됨에 따라 점차 상담자의 공감반응이 증가하는 경향을, 사례 B는 점차 감소하는 경향을 보였다.

둘째, 상담단계에 따른 내담자 체험수준의 변화는 사례 A와 B 모두에 있어서, 상담단계가 진행됨에 따라 증가하는 경향을 보였다. 그러나 이러한 변화를 좀 더 구체적으로 알아보기 위하여 전 회기에 걸친 추세 분석을 해본 결과, 사례 A는 체험수준 2로 시작하여 체험수준 6까지 변화하는, 즉 내담자에게 진정한 변화가 일어났음을 보여주었다. 하지만 사례 B는 체험수준 2로 시작하여 체험수준 3으로 끝남으로써 내담자에게 변화를 일으키지 못한 것으로 나타났다. 그러나 Durbin-Waston 검증 결과, 사례 B만 회귀분석의 기본가정을 충족시키는 것으로 나타났다.

셋째, 상담 회기성과의 순조로움 차원과 깊이 차원에 대한 평정은 전체적으로 볼 때 3명의 평정자들 간의 일치율이 높게 나타났다. 그러나 사례별로는 다르게 나타났다.

넷째, 사례별 상담단계에 따른 회기 순조로움과 회기 깊이는 유의미한 차이를 보이지 않았다. 그러나 전 회기에 걸친 회기성과의 추세분석 결과, 두 사례 모두에 있어서 회기 순조로움에 있어서는 유의미한 관계가 발견되지 않았지만, 회기 깊이에 있어서는 직선적 경향을 보였다. 이는 내담자의 체험수준과 관련되어 있을 것으로 사료되었는데, 이는 내담자의 체험수준과 회기 깊이 간의 유의미한 정적상관이 발견됨으로써 확인되었다.

다섯째, 상담자의 모든 공감 차원과 내담자의 체험수준 간에는 매우 높은 정적 관계가 있었다. 특히 사례 A의 경우, 두 변인 간의 상관이 매우 높게 나타났다.

상담의 시기 변인을 고려하여 상담단계에 따른 상담자의 공감반응과 내담자 체험수준 간의 관계를 알아 본 결과, 전체적으로 볼 때, 상담 중기와 말기에 두 변인 간의 관계에 유의미한 정적 상관이 있었다.

여섯째, 상담자의 공감반응과 회기성과 간의 관계에서는 전체적으로 상담자의 모든 공감 차원과 회기 순조로움, 회기 깊이 간에 높은 정적 상관이 있는 것으로 나타났다. 즉 상담자의 모든 공감 반응 차원은 상담을 순조롭고 깊이 있게 하는 것과 밀접히 관련되어 있었다. 상담자가 내담자의 감정을 반영해 주고, 내담자가 미처 언급하지 않은 것을 상담자가 의미 있게 추론해서 내담자의 준거틀을 확장해 주며, 내담자의 핵심문제를 다루고, 적절한 언어와 목소리로 내담자와 의사소통하며, 내담자가 자유롭게 표현할 수 있는 분위기를 만들어 주며, 그리고 내담자가 자신을 탐색하도록 적극적으로 촉진하여 내담자가 새로운 자료를 내놓도록 하는 등의 상담자의 모든 공감 반응들이 상담을 순조롭고 깊이 있게 이끄는 것으로 나타났다.

상담단계에 따른 상담자의 공감 반응과 회기 순조로움 간의 관계는, 상담 초기에 화제의 핵심성과 회기 순조로움 간에 강한 부적 상관이 있는 것으로 나타났고, 화제의 핵심성과 회기 깊이 간에도 강한 부적 상관이 나타났다. 이러한 결과는 상담 초기 단계에서 상담자가 내담자의 핵심 문제에 너무 초점을 맞추는 것은 상담을 순조롭고 깊이 있게 진행시키는 것에 방해가 될 수 있음을 반영한다. 그러나 상담 중기에서는 상담자의 모든 공감 차원이 회기 순조로움, 회기 깊이와 정적 상관이 있었다.

상담 말기에서는 상담자의 공감 반응 차원 중 내담자 감정, 탐색의 효과와 회기 깊이 간에만 유의미한 상관관계가 나타났다. 이는 상담자가 내담자의 감정을 반영하고, 내담자를 탐색시키기 위한 상담자의 개입이 효과를 발휘하면서 상담 말기에서도 계속 깊이 있는 상담이 이루어졌음을 의미한다.

일곱째, 내담자의 체험수준과 회기 순조로움, 회기 깊이 간의 관계는 전체적으로 볼 때 두 변인 간에 유의미한 정적 상관이 있었다. 이를 사례별로 분석해 본 결과에서는, 사례 A의 경우 내담자의 체험수준과 3명의 평정자가 평정한 평균 회기 순조로움, 평균 회기 깊이와 유의미한 정적 관계를 찾아볼 수 있었지만, 사례 B의 경우에는 이러한 관계를 찾아볼 수 없었다.

또한 상담단계에 따른 내담자의 체험수준과 회기 순조로움, 회기 깊이 간의 관계에서는, 사례 A의 경우에서만 상담 중기에 내담자의 체험수준과 3명의 평정자가 평정한 평균 회기 순조로움, 평균 회기 깊이 간에 유의미한 정적 상관이 있었다. 이러한 결과를 사례 B의 경우에는 전혀 발견할 수 없었다.

한편, 사례 A의 경우 상담 중기에서 내담자의 체험수준과 2명의 객관적인 평정자가 평정한 회기성과와 상담자가 평정한 회기성과 간의 관계에서 차이를 보였다.

여덟째, 사례별, 회기별로 공감과 체험 간의 상관을 내 본 결과, 대체적으로 사례 A가 B에 비하여 정적인 상관 회기가 부적인 상관 회기보다 많았다. 즉 성공 사례 A는 공감과 체험 간에 일반적으로 정적 상관을 갖는 경향을 나타냈다. 특히 공감의 내담자 감정과 협력성 차원의 경우에는 사례 A가 사례 B에 비해서 정적인 회기가 훨씬 많았다. 이는 공감의 내담자 감정과 협력성 차원이 성공과 비성공을 가르는 중요한 두 차원임을 말한다.

사례 A의 성공과 비성공 회기를 boxplot을 통하여 분석해 본 결과, 성공회기(10)에서는 상담자의 공감도 높고 내담자의 체험수준도 높은 반면, 비성공 회기(11)에서는 상담자의 공감도 얕고 내담자의 체험수준도 얕게 나타났다. 사례 B의 비성공 회기(13)의 경우에도 상담자의 공감과 내담자의 체험수준이 낮게 나타났다. 이는 공감과 체험이 같이 가는 패턴을 보여주는 것이다.

6.2 결 론

이상의 연구 결과를 토대로 하여 내릴 수 있는 결론은 다음과 같다.

첫째, 상담자의 공감반응은 내담자의 체험수준과 정적 상관이 있으며, 관련 있는 상담단계는 중기와 말기이다.

둘째, 상담자의 공감반응은 상담의 순조로움, 깊이와 정적 상관이 있으며, 관련 있는 상담단계는 중기이다.

셋째, 내담자의 체험수준은 상담의 순조로움, 깊이와 정적 상관이 있으며, 관련 있는 상담단계는 중기이다.

넷째, 성공적인 상담의 경우 상담자의 공감과 내담자의 체험수준은 정적인 상관을 갖는 것이 일반적인 경향성이다.

다섯째, 상담의 성공과 비성공을 가르는 상담자 공감의 두 하위 차원은 내담자 감정과 협력성이다.

여섯째, 상담자 공감과 내담자 체험수준은 같이 가는 패턴을 보인다. 즉 상담자 공감이 높으면 내담자 체험수준도 높고, 상담자 공감이 낮으면 내담자 체험수준도 낮다.

일곱째, 상담의 효과를 상담자와 객관적인 평정자가 다르게 지각하여 평가할 수 있다.

여덟째, 객관적인 평정자와 상담자 모두 효과적인 상담에 대하여 순조롭고 깊이 있는 상담이라고 지각하는 경향이 있다.

아홉째, 상담의 성과는 직선적으로 상승하는 것이 아니라 불규칙적으로 앞으로 나아간다(Rogers, 1961).

본 연구의 가장 핵심적인 결론은 상담자의 공감 반응은 내담자의 체험수준, 상담의 순조로움, 깊이와 정적 상관이 있으며, 성공적인 상담이 되게 하는 데 있어서 매우 중요한 역할을 한다는 것이다. 또한 상담의 성공과 실패를 가르는 상담자 공감의 주요한 두 하위 차원은 내담자 감정과 협력성이라는 것이다. 마지막으로 상담자의 공감반응이 상담성과에 영향을 미치는 단계는 상담 중기라는 것이다.

이상의 연구 결과 및 결론에 비추어, 본 연구의 의의 및 상담 실제에서 시사하는 바를 언급하면 다음과 같다.

첫째, 본 연구에서는 공감의 치료적 역할을 경험적으로 규명하려 하였다. 그 결과 상담과 심리치료에서 상담자의 공감 반응은 내담자에게 치료 촉진적인 조건이 됨을 경험적으로 입증하였다. 상담 및 심리치료에서 공감의 치료적 역할을 누누이 강조해 왔지만, 본 연구에서는 과정 - 성과 연구를 통하여 이를 확인할 수 있었던 것은 매우 의미 있는 일이었다. 또한 Rogers(1961)의 내담자 체험수준 변화과정 이론은 문화적 차이를 넘어서 적용할 수 있음을 밝힐 수 있었던 것도 매우 의미 있는 일이었다.

본 연구에서 사용된 공감은 Barrett-Lennard(1981)의 3단계 순환적 공감 모형에 비추어 보면, 2단계 즉 표현된 공감 단계에 해당된다. 따라서 본 연구에서는 상담자의 표현된 공감이 내담자에게 치료 촉진적일 수 있음이 입증된 셈이므로, 초보 상담자를 전문적인 상담자로 훈련시키는데 이러한 결과를 적용할 수 있다. 즉 상담자가 내담자의 내면세계에 대하여 공감한 것을 언어적으로 표현하여 내담자에게 전달하는 것이 중요하다는 것이다.

둘째, 상담의 성공 여부를 결정하는 공감이 두 하위 차원, 즉 내담자 감정과 협력성 차원을 밝힌 점은 상담 실제에 있어서 시사하는 바가 매우 크다고 할 수 있다. 즉 상담 목표를 향하여 상담자와 내담자가 함께 협력하는 것과 상담자가 내담자의 감정을 민감하게 포착하여 반영하는 것이 상담을 성공적이게 하는데 매우 중요함을 말하며, 이는 초보 상담자를 전문 상담자로 훈련시키는 데 있어서 중점을 두어야 할 부분임을 말해 주는 것이다.

셋째, 대부분의 상담 과정 연구가 주로 초기 상담을 다루거나 상담의 일부 회기만을 표집하여 다루는 경향이 있었다. 이러한 연구가 주로 이루어질 수 밖에 없는 이유는 연구를 위한 상담 사례 수집에 실제적인 어려움이 있기 때문이다. 그러나 본 연구에서는 동일한 상담자의 30회기로 합의 종결된 두 사례를 비교 분석함으로써 상담자 조건과 상담 회기의 조건을 통제할 수 있었다. 따라서 회기 진행에 따른 상담자 공감, 내담자 체험수준, 그리고 상담 회기성과의 추세 등을 각 사례에 대하여 파악할 수 있었고, 앞에서 언급한 조건들이 통제됨으로써 다른 상담과정 연구에 비해 일반화 가능성을 넓혔다고 할 수 있다.

넷째, 본 연구는 공감의 치료적 역할을 규명하는 데 있어서 즉시적인 성과라는 미시적인 분석에만 그치지 않고, 이를 회기성과 및 상담의 최종성과에 따른 두 사례를 집중 분석함으로써 상담 및 심리치료 실제에 있어서의 적용 가능성을 넓혔다. 즉 Stiles(1980)이 후속 연구로 제언한 공감-상담의 효율성-상담의 최종 성과 간의 관계를 2단계 전략으로 연구함으로써, 성공적인 상담의 경우에 있어서 공감이 내담자의 변화를 가져오게 한다는 이론을 밝힐 수 있었다.

다섯째, 본 연구에서는 상담자의 공감 조건이 상담의 중기 단계에서 상담의 효율성과 관계됨이 드러났다. 이러한 결과는 상담자의 공감이 주로 상담 중기에서 치료 촉진적인 역할을 함을 말해주는 것이고, 초보 상담자를 전문 상담자로 훈련시키는 데 있어서도 이러한 결과에 유념하여 훈련시킬 필요가 있음을 말해 준다. 즉 실제로 치료적 작업이 일어나는 상담 중기에 상담자가 내담자의 내면세계에 대해 공감한 것을 언어적으로 표현함으로써 상담이 더욱 순조롭고 깊이 있게 진행될 수 있음을 말해주는 것이다.

6.3 제 언

본 연구 결과에 비추어 후속 연구를 위한 제언을 하면 다음과 같다.

첫째, 상담자의 공감은 언어적, 비언어적으로 표현된다. 공감과 관련하여 늘 제기되는 한 가지 질문은 치료자의 언어적 공감이 일차적인 것인가 아니면 치료자의 비언어적 공감이 치료적으로 공헌하는 것인가 하는 점이다. 본 연구에서는 상담자의 표현된 언어적 공감을 측정하였고 비언어적 공감은 측정하지 못하였다. 따라서 상담자의 표현된 공감을 좀 더 정확하게 측정하여 이를 상담성과와 관련지어 보는 추후 연구가 필요하다. 또한 공감이 일차적으로 배경요인인지 아니면, 공감 반응 그 자체가 하나의 구체적인 치료적 개입인지를 밝히는 추후 연구가 필요하다 (Bohart & Greenberg, 1997).

둘째, 본 연구에서는 상담자와 상담회기의 조건은 통제하였다. 그러나 내담자 조건은 통제하지 못하였다. 즉 문제 유형이나 내담자의 성(sex) 등에서 동질성을 확보하였다면, 이 연구 결과의 일반화 가능성을 더욱 높였을 것이다. 따라서 상담자, 상담회기, 그리고 내담자 조건을 모두 통제한 추후 연구가 필요하다.

셋째, 본 연구에서도 공감의 핵심성과 탐색의 깊이는 내담자의 체험수준을 깊게 하고, 상담의 효율성과 높은 상관을 보이는 것으로 나타났는데, 이는 핵심성이 모든 공감 요소들 중에서 가장 핵심적인 요소임을 밝혔던 문현미(1989), Elliott 등(1982)의 연구 결과와도 일치하는 것이다. 따라서 이 요인들은 앞으로도 계속 연구되어야 할 중요한 두 가지 측면이다(Bohart & Greenberg, 1997).

넷째, 공감의 본질이 무엇인지를 밝히는 연구들은 앞으로도 계속되어야 한다. 예를 들어 어떤 종류의 공감이 어떤 종류의 효과를 가지는가와 같은 좀 더 맥락적으로 민감한 방법을 동원하여 공감의 본질을 밝히는 연구들이 필요하다.

다섯째, 공감의 치료적 효과를 나타내는 지표에 관한 것이다. 인간중심적 관점에서는 상담과 심리치료의 효과를 성격 변화, 자기 개념에서의 변화 등으로 본다. 따라서 내담자의 자기-공감, 대인 간 공감을 변화의 지표로 사용할 수 있다(Barrett-Lennard, 1997).

여섯째, 자기심리학에서의 가정 즉, 치료자의 공감이 내담자의 자기구조화를 촉진시킨다는 가정을 확인하는 연구 또한 새롭고도 중요한 앞으로의 연구 방향이다.

결론적으로 공감의 본질을 밝히기 위한 앞으로의 연구는 좀 더 분화된 질문으로 이루어질 필요가 있다. 즉 어떤 형태의 공감적 의사소통인지, 상담자가 무슨 의도를 가지고 어떤 목표에 비추어 공감하고 있는지, 어떤 구체적인 맥락에서 공감하고 있는지, 어떤 대인 간 양식과 태도로 공감하고 있는지, 그리고 어떤 유형의 효과를 갖는지 등과 같은 좀 더 구체적인 문제를 가지고 연구하는 것이 필요하다.

참고 문헌

금명자(1994). 상담단계와 내담자의 체험수준에 따른 상담자 개입 패턴의 즉 시적 성과. 미발표 박사학위논문, 서울대학교.

김광일 외(1985). 간이정신진단검사. 서울: 한국 가이던스.

김광일 외(1985). 간이정신진단검사 실시요강. 서울: 한국 가이던스.

김영석(1993). 공감과 직면의 반응순서가 상담성과에 미치는 영향. 미발표 박사학위논문, 서울대학교.

김영환 외(1997). 다면적 인성검사. 서울: 한국 가이던스.

김영환 외(1994). 다면적 인성검사실시 요강. 서울: 한국 가이던스.

김정규(1998). "자기심리학과 게슈탈트 심리치료의 대화". 한국심리학회지: 임상, 17(1), 7-38.

김중술(1996). 다면적 인성검사(개정판). 서울: 서울대학교 출판부.

니심-사밧, M., 강석헌 역(1996). "공감의 현상학". 한국정신치료학회지: 정신치료, 9, 17-22.

문현미(1989). 공감적 이해와 상담효율성의 관계. 미발표 석사학위논문, 서울대학교.

문형춘(1993). 초기 상담에서 내담자-상담자 반응 연계 유형에 따른 즉시적 성과. 미발표 석사학위논문, 서울대학교.

문홍세(1990). "도에서의 empathy". 한국정신치료학회지: 정신치료, 4, 26-29.

박병탁(1990). "전통 정신분석과 자기 심리학에서의 empathy". 한국정신치료학회지: 정신치료, 4, 15-25.

박성희(1994). 공감, 공감적 이해. 서울: 원미사.

박성희(1996). 공감의 구성요소와 친사회적 행동의 관계 연구. 미발표 박사학위논문, 서울대학교.

박성희(1997). **공감과 친사회적 행동**. 서울: 문음사.

심혜숙, 한기백(1996). "체험수준 변화에 의한 게슈탈트 기법 적용 집단상
담의 과정 분석". 한국심리학회지: **상담과 심리치료**, 8(1), 101-134.

연문희(1995). "카운슬러의 태도적 자질". 한국심리학회 상담 및 심리치료
학회, 상담심리사 수련과정, 제5회, 105-108.

오경희(1986). 초기 상담에서 상담자의 반응의도 전달이 내담자의 의도지각 및 상
담의 효율성 평가에 미치는 영향. 미발표 석사학위논문, 서울대학교.

유정이(1990). 연계 분석(sequential analysis)으로 본 언어 상호작용과 공감적
이해의 지각. 미발표 석사학위논문, 서울대학교.

윤순임(1996). "공감(empathy)의 정신분석적 이해". **원광아동상담센터** 회
보, 5, 1-4.

윤호균(1990). "토론 Ⅱ". 한국 정신 치료 학회지: **정신치료**, 4, 53-60.

이동식(1990). "토론 Ⅱ". 한국 정신 치료 학회지: **정신치료**, 4, 53-60.

이상희, 김계현(1993). "상담회기 평가질문지(Session Evaluation Questionnaire)
의 타당화 연구". 한국심리학회지: **상담과 심리치료**, 5, 30-47.

이은경(1988). 공감적 이해(EMPATHY)와 상담 효율성 간의 관계분석을 위한
모의상담연구. 미발표 석사학위논문, 이화여자대학교.

이은순(1991). 상담실습자 교육에서의 공감훈련 효과의 분석 －잠재력 개발 집단
상담, 심리극 집단 상담과의 비교－. 미발표 박사학위논문, 이화여자대
학교.

이재규(1995). 로저스 인간중심 상담에서의 존중의 의미. 미발표 석사학위논문,
서울대학교.

이장호(1990). "칼·로저스에서의 공감". 한국정신치료학회지: **정신치료**, 4,
30-38.

이장호(1995). **상담심리학**. 서울: 박영사.

이형득 외(1994). **상담의 이론적 접근**. 서울: 형설출판사.

장성숙(1990). "토론 Ⅰ". 한국정신치료학회지: **정신치료**, 4, 39-52.

정남운(1998). 상담과정에서의 대인관계적 상보성과 상담성과. 미발표 박사학위 논문, 서울대학교.

정방지(1985). 정신역동적 상담과정에서의 상담자와 내담자 언어반응 연구. 미빌 표 박사학위논문, 서울대학교.

최윤미(1987). 상담자의 반응의도와 상담회기의 효율성에 관한 분석적 연구. 미발 표 박사학위논문, 이화여자대학교.

Bachelor, A.(1988). How clients perceive therapist empathy: A content analysis of "received" empathy. *Psychotherapy, 25*, 227-240.

Barrett-Lennard, G. T.(1962). Dimensions of therapist response as causal in therapeutic change. *Psychological Monographs, 43*, 1-13.

Barrett-Lennard, G. T.(1981). The empathic cycle: Refinement of a nuclear concept. *Journal of Counseling Psychology, 28*, 91-100.

Barrett-Lennard, G. T.(1993). The phases and focus of empathy. *British Journal of Medical Psychology, 66*, 3-14.

Barrett-Lennard, G. T.(1997). The recovery of empathy-Toward others and self. In Bohart & L. S. Greenberg(Eds.), *Empathy reconsidered*(pp.103-121). Washington: American Psychological Association.

Basch, M. F.(1983). Empathic understanding: A review of the concept and some theoretical consideration. *Journal of American Psychoanalysis Association, 31*, 101-126.

Beres, D. B., & Arlow, J. A.(1974). Fantasy and identification in empathy. *Psychoanalytic Quarterly, 43*, 155-181.

Binus, G. K., & Gaw, A. C.(1995). [BOOK FORUM]. Spiro, H., McCrea Curnen, M. G., Peschel, E., & James, D. St.(1993). Empathy and the practice of medicine: Beyond pills and the scalpel. *American Journal of Psychiatry, 152*, 805-806.

Bohart, A. C.(1991). Empathy in client-centered therapy: A contrast with psychoanalysis and self psychology. *Journal of Humanistic Psychology, 31*, 34-48.

Bohart, A. C., & Greenberg, L. S.(1997). Empathy and psychotherapy: An introductory overview. In A. C. Bohart & L. S. Greenberg(Eds.), *Empathy reconsidered*(pp.3-31). Washington: American Psychological Association.

Bozarth, J. D.(1984). Beyond reflection: Emergent modes of empathy. In R. F. Levant & J. M. Shlien(Eds.), *Client-centered therapy and the person-centered approach: New Directions in theory, research and practice*(pp. 59-75). New York: Praeger.

Bozarth, J. D.(1993). A theoretical reconceptualization of the necessary and sufficient conditions for therapeutic personality change. Unpublished.

Bozarth, J. D.(1997). Empathy from the framework of client-centered theory and the Rogerian hypothesis. In A. C. Bohart & L. S. Greenberg(Eds.), *Empathy reconsidered*(pp.81-102). Washington: American Psychological Association.

Brems, C.(1989). Dimensionality of empathy and its correlates. *The Journal of Psychology, 123*, 329-337.

Brodley, B. T., & Brody, A. F.(1990, August). *Understanding client-centered therapy through interviews conducted by Carl Rogers.* Paper presented at the annual convention of the American Psychological Association, Boston, MA.

Brothers, L.(1989). A biological perspective on empathy. *American Journal of Psychiatry, 146*, 10-19.

Carlozzi, A. F., Bull, K. S., Eells, G. T., & Hurlburt, J. D.(1995). Empathy as related to creativity, dogmatism, and expressiveness.

The Journal of psychology. 129. 365-373.

Cochrane, C. T.(1974). Development of a measure of empathic communication. *Psychotherapy: Theory. Research and Practice. 11.* 41-47.

Duan, C. & Hill, C. E.(1996). The current state of empathy research. *Journal of Counseling Psychology. 43.* 261-374.

Eagle, M., & Wolitzky, D. L.(1997). Empathy: A psychoanalytic perspective. In A. C. Bohart & L. S. Greenberg(Eds.), Empathy reconsidered(pp.217-244). Washington: American Psychological Association.

Elliott, R., Barker, C. B., Caskey, N., & Pistrang, N.(1982). Differential helpfulness of counselor verbal response modes. *Journal of Counseling Psychology. 29.* 354-361.

Elliott, R., Filiporvich, H., Harrigan, L., Gaynor, J., Reimschuessel, C., & Zapadka, J. K.(1982). Measuring response empathy: The development of multicomponent rating scale. *Journal of Counseling Psychology. 29.* 379-387.

Eysenck, H. J.(1952). The effects of psychotherapy: an evaluation. *Journal of Consulting Psychology. 16.* 319-324.

Gendlin, E. T.(1962). Experiencing and the creation of meaning. New York: The Free Press of Glencoe.

Gendlin, E. T.(1964). A theory of personality change. In P. Worchel & D. Byrne(Eds.), *Personality change*(pp.100-227). New York: Wiley.

Gladstein, G. A.(1970). Is empathy important in counseling? *The Personnel and Guidance Journal. 48.* 823-827.

Gladstein, G. A.(1977). Empathy and counseling outcome: An empirical and conceptual review. *Counseling Psychologist, 6,* 70-79.

Gladstein, G. A.(1983). Understanding empathy: Integrating counseling, development, and social psychology perspectives. *Journal of counseling psychology, 30,* 467-482.

Gladstein, G. A. & Associates(1987). Empathy and counseling: Explorations in theory and research. New York: Springer-Verlag.

Goldstein, A. P., & Michaels, G. Y.(1985). Empathy: Development training and consequences. Hilladale, NJ: Erlbaum.

Greenberg, L., Rice, L., & Elliott, R.(1993). Facilitating emotional change: The moment by moment process. New York: Guilford.

Greenberg, L. S., & Elliot, R.(1997). Varieties of empathic responding. In A. C. Bohart & L. S. Greenberg(Eds.), *Empathy reconsidered*(pp.167-186). Washington: American Psychological Association.

Gurman, A. S.(1977). The patient's perception of the therapeutic relationship. In A. S. Gurman & A. M. Razin(Eds.), *Effective psychotherapy: A handbook of research.* New York: Pergamon.

Hackney, H.(1978). The evolution of empathy. *Personnel and Guidance Journal, 57,* 35-38.

Hamilton, J. W.(1981). Empathic understanding. *Psychoanalytic Inquiry, 1,* 417-422.

Hargrove, D. S.(1974). Verbal interaction analysis of empathic and nonempathic response of therapists. *Journal of Consulting and Clinical Psychology, 42,* 305.

Heck, E. J., & Davis, C. S.(1973). Differencial expressions of empathy in a counseling analogue. *Journal of Counseling Psychology, 20,* 101-104.

Herron, W. G., & Rouslin, S.(1982). Issues in psychotherapy. Bowie, MD: Brady.

Hill, C. E., Thompson, B. J., & Corbett, M.(1992). The impact of therapist ability to perceive displayed and hidden client reactions on immediate outcome in first sessions of brief therapy. *Psychotherapy Research, 2,* 143-155.

Kahn, E.(1985). Hienz Kohut and Carl Rogers. *American Psychologist, 40,* 893-904.

Karlsberg, J. A., & Karlsberg, R. C.(1994). The affectionate bond: The goal of couple-centered therapy. *Journal of Humanistic Psychology, 34,* 132-141.

Katz, R. L.(1963). Empathy: Its nature and uses. New York: Free Press.

Klein, M. H., Mathieu, P. L., Gendlin, E. T., & Kiesler, D. J.(1970). The Experiencing Scale: A research and training manual(Vol. 1, 2). Madison: University of Wisconsin Extension Bureau of Audiovisual Instruction, 1969(copyright, 1970).

Klein, M. H., Mathieu, P. L., Gendlin, E. T., & Kiersler, D. J.(1986). The Experiencing Scale. In L. S. Greenberg & W. M. Pinsof(Eds.). *The Psychotherapeutic process: Research handbook*(pp.21-71). New York: The Guilford Press.

Kohut, H.(1971). The analysis of the self. New York: International Universities Press.

Kohut, H.(1977). The restoration of the self. New York: International Universities Press.

Kohut, H.(1982). Introspection, empathy, and the semi-circle of mental health. *International Journal of Psycho-Analysis, 63,* 395-407.

Kohut, H.(1984). How does analysis cure? Chicago: University of Chicago Press.

Lee, Chang-Ho(1992). Empathy in psychotherapy. Paper presented to the 5th International Forum for Person Centered Approach, Tershelling, Netherlands, July, 12-19.

MacISSAC, D. S.(1997). Empathy: Hienz Kohut's contribution. In A. C. Bohart & L. S. Greenberg(Eds.), *Empathy reconsidered*(pp.245-264). Washington: American Psychological Association.

Mahrer, A. R.(1997). Empathy as therapist-client alignment. In A. C. Bohart & L. S. Greenberg(Eds.), *Empathy reconsidered*(pp.187-213). Washington: American Psychological Association.

Marcia, J.(1987). Empathy and psychotherapy. In N. Eisenberg, & J. Strayer(Eds), *Empathy and its development*(pp.81-102). New York: Cambridge University Press.

McWHIRTER, J. J.(1973), Two measures of the facilitative conditions: A correlation study. *Journal of Counseling Psychology, 20,* 317-320.

Miller, I. J.(1989). The therapeutic empathic communication(TEC) process. *American Journal of Psychotherapy, XLIII,* 531-545.

Mitchell, K. M., Bozarth, J. D., & Krauft, C. C.(1977). A reappraisal of the therapeutic effectiveness of accurate empathy, nonpossessive warmth, and genuineness. In A. S. Gurman & A. N. Razin(Eds.), *Effective Psychotherapy.* New York: Pergamon.

Nissim-Sabat, M.(1995). Towards a phenomenology of empathy. *American Journal of Psychotherapy, 49,* 163-170.

Orlinsky, D. E., Grawe, K., & Parks, B. K.(1994). Process and outcome in psychotherapy. In A. E. Bergin & S. L. Garfield(Eds.), *Handbook of Psychotherapy and behavior change*(4th ed., pp.270-378). New York: Wiley.

Patterson, C. H.(1984). Empathy, warmth, and genuineness: A review of reviews. *Psychotherapy, 21,* 431 438.

Peabody, S. A., & Gelso, C. J.(1982). Countertransference and empathy: The complex relationship between two divergent concepts in counseling. *Journal of Counseling Psychology, 29,* 240-245.

Redmond, M. V.(1989). The functions of empathy(decentering) in human relations. *Human Relations, 42,* 593-605.

Rogers, C. R.(1942). Counseling and psychotherapy. Boston: Houghton Mifflin Company.

Rogers, C. R.(1951). Client-centered therapy. Boston: Houghton Mifflin Company.

Rogers, C. R.(1957). The necessary and sufficient conditions of therapeutic personality change. *Journal of consulting psychology, 21,* 95-103.

Rogers, C. R.(1959). A theory of therapy, personality and interpersonal relationships as developed in the client centered framework. In S. Koch(Eds.), *Psychology: A study of a science: Formulations of the person and the social context*(pp.184-256). New York: Mcgraw-Hill.

Rogers, C. R.(1961). On becoming a person. Boston: Houghton Mifflin Company.

Rogers, C. R.(1975). Empathic: An unappreciated way of being. *The counseling psychologist, 5,* 2-10.

Rogers, C. R.(1980). A way of being. Boston: Houghton Mifflin Company.

Rogers, C. R., & Sanford, R. C.(1985). Client-centered psychotherapy.

In H. I. Kaplan, B. J. Sadock, & A. M. Friedman(Eds.), *Comprehensive textbook of psychiatry*(pp.1374-1388). Baltimore: William & Wilkins.

Rogers, C. R.(1986). Rogers, Kohut, and Erickson. *Person-Centered Review, 1,* 125-140.

Rogers, C. R.(1995). What understanding and acceptance to me. *Journal of Humanistic Psychology, 35,* 7-22.

Rogers, C. R., Gendlin, E. T., Kiesler, D. J., & Truax, C. B.(1967). The therapeutic relationship and its impact: A study of psychotherapy with schizophrenics. Madison, Wisc.: University of Wisconsin Press.

Sachse, R.(1990). Concrete interventions are crucial: The influence of the therapist's processing proposals on the client's intrapersonal exploration in client-centered therapy. In G. Lietaer, J. Rombauts, & R. Van Balen(Eds.), *Client-centered and experimental psychotherapy in the nineties*(pp.295-308). Leuven, Belgium: Leuven University Press.

Schlesinger, H. J.(1981). The process of empathic understanding. *Psychoanalytic Inquiry, 1,* 393-416.

Shlien, J.(1997). Empathy in psychotherapy: A vital mechanism? Yes. Therapist's conceit? All too often. By itself enough? No. In A. C. Bohart & L. S. Greenberg(Eds.), *Empathy reconsidered*(pp.63-80). Washington: American Psychological Association.

Stephan, A. T.(1991). A comparison of psychoanalytic self psychology and Carl Rogers's person-centered therapy. *Journal of Humanistic Psychology, 31,* 9-33.

Stiles, W. B.(1980). Measurement of the impact of psychotherapy sessions. *Journal of Consulting & Clinical Psychology, 48,* 176-185.

Stiles, W. B., & Snow, J. S.(1984). Counseling session impact as viewed by novice counselors and their clients. *Journal of Counseling Psychology, 31*, 3-12.

Stolorow, R., Brandchaft, B., & Atwood, G.(1987). Psychoanalytic treatment. Hillsdale, NJ: Analytic Press.

Stubbs, J. P., & Bozarth, J. D.(1994). The dodo bird revisited: A qualitative study of psychotherapy efficacy in research[special issue]. *Journal of Applied and Preventive Psychology, 3*, 109-120.

Thompson, B., & Hill, C. E.(1991). Therapist perceptions of client reactions. *Journal of Counseling and Development, 69*, 261-265.

Truax, C. B., & Carkhuff, R. R.(1967). Toward effective counseling and psychotherapy. Chicago: Aldine.

Truax, C. B., & Mitchell, K. M.(1971). Research on certain therapist interpersonal skills in relation to process and outcome. In A. E. Bergin & S. L. Garfield(Eds.), Handbook of psychotherapy and behavior change(1st ed., pp.299-344). New York: Wiley.

Vanaerschot, G.(1997). Empathic Resonance as a source of experience-enhancing interventions. In A. C. Bohart & L. S. Greenberg(Eds.), *Empathy reconsidered*(pp.141-165). Washington: American Psychological Association.

Warner, M. S.(1997). Does empathy cure? A theoretical consideration of empathy processing, and personal narrative. In A. C. Bohart & L. S. Greenberg(Eds), *Empathy reconsidered*(pp.125-140). Washington: American Psychological Association.

Watson, N.(1984). The empirical studies of Rogers' hypotheses of the necessary and sufficient conditions for effective psychotherapy. In R. F. Levant & J. M. Shlien(Eds.), *Client-centered therapy and the person-centered approach*(pp.17-40). New York: Praeger.

Wexler, D. A.(1974). A cognitive theory of experiencing, self-actualization, and therapeutic process. In D. A. Wexler & L. N. Rice(Eds.), *Innovations in client-centered therapy*(pp.211-246). New York: Wiley.

Wind, E.(1963). Art and anarchy. London: Farber and Farber.

Wispé, L.(1986). The distinction between sympathy and empathy: To call forth a concept a word is needed. *Journal of Personality and Social Psychology, 50*, 314-321.

Wispé, L.(1987). History of the concept of empathy. In N. Eisenberg & J. Strayer(Eds.), *Empathy and its development*(pp.17-37). New York: Cambridge University Press.

부 록

부록 1. 다차원적 공감 반응 척도
(Multidimensional Response Empathy Scale)

상담자의 공감반응을 다음의 8개의 차원으로 평정하시오. 평정되지 않는 차원이 없도록 하시오.

1. 내담자 감정(client feeling) : 상담자는 내담자의 감정을 어느 정도로 표현하는가?

　4 - 내담자의 감정을 구체적으로 말한다.

　　예: 상처받은, 우울한, 화난, 걱정하는

　3 - 내담자의 감정을 일반화해서 또는 모호하게 표현한다.

　　예: 나쁜, 혼란된, 불안한, 좋은 동기에 대해 언급한다.

　　예: 원한다, 바란다

　2 - 내담자의 생각, 인식, 또는 견해에 대해 언급한다.

　　예: 당신은 그 문제를 다루는데 그것이 올바른 방법이라고 생각합니까?

　주: "느낀다"가 때때로 실제로는 "생각한다"를 의미하기도 한다. 평정자는 이것을 분류해 내야 한다.

　1 - 내담자의 행동이나 행위에 대해 언급한다.

　　예: 당신은 왜 그렇게 했습니까?

　0 - 다른 사람의 감정, 인식, 그리고 행동에 대해 언급한다.

　　예: 상담자, 의미 있는 타인들, 그 외 사람들에 대한 것들이 포함된다.

　주: 긴 반응에 대해서는 평정할 수 있는 반응의 모든 측면들을 평정한 다음 이를 평균하시오; 이리 저리로 모든 측면을 다 보고서 판단하시오.

2. 인지적 추론과 명료화(perceptual inference & clarification): 내담자의 준거틀에 더하거나 함의를 끌어내기 위해, 내담자가 아직 말하지 않은 어떤 것을 상담자가 추론해서 말하는가?

    4 - 의미 있는 추론이나 명료화를 한다.

       예: 해석

    3 - 보통 수준의 추론이나 명료화를 한다.

       예: 함의 반영, 의미 있는 요약

    2 - 가벼운 추론이나 명료화를 한다.

       예: 바꾸어 말하기, 비언어적 반영

    1 - 추론이나 명료화를 했는지 불확실하다.

    0 - 추론이나 명료화가 없다.

       예: 반향적 반영, 정보를 얻기 위한 질문, 충고, 사실적 상황에 대한 추측 등

3. 화제의 핵심성(centrality of topic): 내담자에게 가장 중요한 것을 상담자가 언급하는가? 상담자가 내담자의 근본적인 불평이나 문제와 관련 있는 반응을 하는가? 이 차원은 내용에 근거해서 평정해야 한다.

    4 - 내담자의 주요 관심사와 관련된 내담자의 감정과 지각을 명확하고 분명하게 언급한다; 갈등, 주요 문제, 기본적인 관계에 대한 언급

    3 - 주요 관심사에 근접하는 화제

    2 - 분명히 핵심적이지 않은 화제; 주요 관심사와 관련이 있을 수도 있는 배경적인 사실들

    1 - 의미를 명료화하는데 역점을 둔다; 잘못 듣고 잘못 이해한 것을 정정함

    0 - 명확하게 핵심적이지 않은 화제

       예: "곁길로 빠지기", 조력과정에 대해 이야기하기; 제3자 이야기, 일반적인 이야기, "으흠"

    * "으흠"을 평정할 때는 마지막 부분에 제시되어 있는 주 1을 참조하시오.

4. **표현력(expressiveness)**: 상담자는 다음과 같은 언어와 목소리로 적절하게 표현력 있는 태도로 의사소통 하는가?

a) 평정자에게 심상을 불러일으키는 말

b) 창의적이고 참신한 말(단어, 문장)

c) 형용사나 부사와 같은 수식어가 메시지의 의미를 강화시키는가 약화시키는가?

d) 감탄사(!)   예: 우아! 저런!

e) 높이나 볼륨에 변화가 있는 억양 있는 목소리

f) 슬픔, 흥분, 칭찬, 보호, 놀람, 분노 등과 같은 구체적인 정서를 전달하는 목소리

   예외 - 평정자를 혼란시키거나 산만하게 하는 말이나 목소리

   4 - 매우 표현력이 있는: 많은 또는 강력한 단서가 있는

   3 - 보통 수준의 표현력이 있는: 하나나 덜 강력한 단서가 있는

   2 - 평범한 말이나 목소리

   1 - 약간 산만하거나 혼란스러운: 어허; 반향적 반영, 반복

   0 - 보통 또는 심하게 산만하거나 혼란스러움; 보통 또는 심한 반복

5. **협력(collaboration)**: 상담자의 태도가 협력적 과정에서 함께 작업해 나간다는 느낌을 주는가? 이 차원은 상담자의 영향력(impact)이 아니라 의도에 근거해서 평정해야 한다.

   4 - 협력, 상호성, "함께 작업하는" 또는 "우리는 이렇게 함께 있다"는 느낌을 분명하게 전달한다; 상담자의 개인화된 반응들은 내담자에게 공유한다는 느낌을 전달하고 지지와 힘을 준다(예: 협력적 반응, 끝맺음 반응); 상담자-내담자 관계에 대해서 언급할 수도 있다.

   3 - 자기-개방 형식으로 지각을 확인하기; 개인적이고 동료처럼 격의 없이 도움을 주는 사람, 우정 (예: "그렇지!" "얘기합시다"); 공통된 경험이나 주제에 대해 언급하기

2 - 협력을 전달하는 것 같다(예: 동정하는 경우-"힘들겠군요", "으흠", 내담자에게 맞추려는 의도로 웃는 경우, 평범한 반영)

1 - 협력성의 전달이 불확실함

0 - 협력한다는 느낌을 전달하는데 실패(예: 회기 끝내기, 논쟁, 불필요한 충고, 내담자의 말 끊기)

6. 말 허용하기 대 압도하기(verbal allowing vs. crowding): 내담자의 말을 압도하거나 가로막지 않고 내담자가 말할 기회를 상담자가 어느 정도로 허용하거나 주고 있는가? 허용하는 행동을 나타내는 주요한 행동 중의 하나는 반응들 사이에 있는 중간 내지 긴 침묵이다.

4 - 상담자의 보통 내지 긴 침묵. 대략 5초 이상 허용하기
  부적절하게 긴 침묵은 낮은 점수로 조정되어야 한다.
  내담자가 말을 주로 하도록 허용하기 위해 상담자는 말을 하지 않는다.

3 - 2초 내지 5초 동안의 짧은 침묵

2 - 1초 내지 2초 동안의 정상적인 침묵. 그러나 다음과 같은 경우에는 제외된다; 상담자가 큰 소리로 혼잣말을 하면서 자신의 생각을 조직하는 경우(예: "이것을 어떻게 표현해야 할까?")
  협력적인 반응들, 끝맺음 말, 말을 끊는 것의 실패, 최소한의 격려. 내담자가 할 이야기가 더 있다는 단서가 분명히 있는데도 상담자의 침묵이 짧은 경우(예: 내담자의 반응 끝에 목소리의 힘이 떨어짐; 질문하기; 도움을 간접적으로 요청하기)

1 - 말을 못하게 함, 0초 내지 1초 동안의 침묵; 내담자가 생각 중에 있는데 상담자가 비협력적으로 새로운 주제로 넘어감(협력적인 말, 즉 "끝맺음 말"은 여기서 제외된다).
  상담자 말의 속도가 내담자의 것보다 더 뚜렷하게 빠르다.

0 - 말 가로막기; 경쟁적인 양식으로 말이 많음; 언어적으로 압도하기

7. **탐색(exploration)**: 상담자가 하는 말의 내용이 내담자의 탐색을 적극적으로 촉진하는가? 이 차원은 영향력(impact)을 보지 말고 평정해야 한다.

   4 - 분명히 적극적으로 내담자의 탐색을 촉진하는가?(예: 탐색적 질문, "그것에 관해 어떻게 느낍니까?" "나에게 말해 주시오"와 같은 질문의 형태를 띤 과정 권고(process advisement), 의미 있는 요약 반영 및 해석 뒤에 하는 부가 의문문)

   3 - 회기를 시작할 때 정보수집을 위한 탐색적 질문

   2 - 내담자의 탐색을 촉진하는 듯한; 수동적인 탐색 촉진(예: 잠시 멈춤; 망설임; 평범한 내용 반영; 다른 어떤 것을 위하여 자기-개방, 질문 또는 틀을 사용하기; "으흠")

   1 - 탐색의 촉진이 불확실함

   0 - 탐색 저지(예: 폐쇄적 질문 또는 구체적인 정보를 구하려는 질문; "주제 전환"; 회기 마침)

8. **탐색의 영향력(촉진 대 방해·혼란)(impact on exploration[facilitation vs. blocking, distraction])**: 상담자의 반응이 내담자를 더 탐색하게 하거나 새로운 자료를 내놓도록 촉진하는가? 아니면 방해하거나 혼란시키는가?

   4 - 내담자의 탐색을 분명히 촉진시킴 즉, 새로운 자료에 대한 강한 동의; 내담자가 자신의 반응과 관련된 새로운 느낌이나 내용을 기술함; 내담자가 이전의 자료를 더 깊이 탐색; 내담자가 더 열심히 작업

   3 - 새로운 자료에 대한 강한 동의; 내담자가 한 말이나 내용의 사용; 새로운 정보가 나옴

   2 - 탐색이 촉진되거나 유지되는 듯함(예: 상담자의 반응을 내담자가 단순히 동의하거나 무시함 즉, 회기를 시작할 때 관심을 표현하는 것)

   1 - 탐색의 영향력이 불확실함

0 - 탐색 방해; 내담자가 탐색을 잠시 멈추거나 혼란됨(예: 강한 불일치)

주 - 불확실한 영향력 - 1은 내담자가 인식하지 못하는 수준; 내담자
　　의 말이 반응의 그 부분으로 돌아간다면 점수를 재조정하시오.
　　반응의 여러 측면들을 고려해서 사용하시오.

주 :

1. "으흠"과 다른 최소한의 격려를 평정할 때 다음 지침을 참조하시오.

내담자 감정	0
인지적 추론과 명료화	0
화제의 핵심성	0
표현력	1
협력성	2(1-3)
말 허용하기	2(1-3)
탐　색	2(1-3)
탐색의 영향력	2(0-4)

2. 연결이 안 되는 단위들을 하나의 점수로 평정하고자 할 때: 한 문장
이 두 개의 불완전한 부분으로 나누어져 있을 때 이 부분들을 함께 연결
하시오.

부록 2. 체 험 척 도
(The Experiencing Scale)

단 계 1

1. 특 징

표현된 내용이나 표현 방식에 개인적 감정이 나타나지 않고, 자신과 관련 없는 내용을 말한다는 점이 이 단계의 주된 특징이다. 본질적으로 자신과 관계없는 내용을 말하고 있는 경우에는, 그러한 사건이나 생각에 대해 매우 추상적, 일반적, 피상적으로, 혹은 신문 기사 식으로 설명하며, 그 내용에 감정이 나타나지 않는다. 개인적인 내용을 말하는 경우에도 내담자의 몰입이 비개인적이어서 자신에 관한 어떠한 중요한 정보도 밝히지 않으며, 마치 낯선 타인이나 대상에 대해 이야기하는 것처럼 보인다. 결과적으로 내담자는 감정을 회피하고, 의사소통에서 개인적 관여를 보이지 않는다.

내담자가 거침없이 유창하게 이야기하지만, 내담자는 상담자와의 상호작용에 별로 관심을 보이지 않으며, 혹은 그 상호작용에서 거리를 두고 있거나 이를 회피한다.

문법적인 측면에서 보면, 내담자의 말속에 1인칭 대명사가 별로 나타나지 않는다. 혹시 이를 사용하는 경우가 있더라도 자신을 단지 어떤 대상, 방관자, 혹은 우연한 참여자로 규정하거나, 외부 사건에 주의를 기울일 뿐이다(예: "내가 길을 따라 걷고 있을 때, 난 그 일이 일어나는 것을 보았어요 ……").

2. 보 기

〈자신을 대상처럼 묘사하는 예〉

(1) "난 그 상자 위에 뚜껑을 닫았어요."

(2) "그가 내 발등을 밟았어요."

단 계 2

1. 특 징

단계 1과 달리 내담자와 내담자가 얘기하는 내용 간의 관련성이 명확히 나타나는데, 내담자는 자신의 이야기에서 중심적 인물이 되거나, 혹은 이야기 속에서 자신의 관심을 분명히 표현한다. 즉, 개인적으로 관여된 사건들을 얘기한다. 그러나 내담자의 몰입은 특정 상황이나 내용을 벗어나지 못하며, 그의 모든 이야기, 연상, 주관적 반응에서 자신의 내적 주관 반응이나 감정들을 언급하지도 규정하지도 않는다. 또한 자신을 표현하는 경우에도 내담자의 개인적인 조망은 지적, 일반적, 피상적인, 혹은 주지화된 자기 묘사를 나타내며, 자신의 내면 상태나 감정을 드러내진 못한다.

어떤 경우에는 생각을 마치 감정처럼 표현하기도 한다(예: "난 사람들이 인정이 더욱 많아져야 한다고 느껴요."; "전 제가 괜찮은 사원이라고 느껴요."). 이때 "느껴요"라는 말이 어떤 의미상의 변화 없이 "생각해요"나 "바라요"로 대체될 수 있다면, 그 말은 단계 2에 속한다.

꿈, 환상, 혹은 자유연상 등은 외부 사건에 대한 묘사로 다루어야 하며, 이와 함께 자신의 감정이나 주관적 반응이 나타나지 않으면 단계 2로 본다.

내담자는 단계 1과 달리 관심을 갖고 상호작용에 참여한다.

2. 전 단계와의 구분

단계 1	단계 2
자신과 관계없는 외부 사건이나 추상적 생각	개인적으로 관여된 사건을 얘기하거나, 이야기 속에서 자신의 관심을 분명히 표현
상담자와의 상호작용에 거리를 두고 있거나, 별로 관심을 보이지 않음	관심을 갖고 능동적으로 참여

3. 보 기

(1) "내 생각에 할머니는 별로 고마워하시지 않았을 것 같아요. 아마 할머니는 그걸 못했을 거예요. 내 생각에는 ……"(특정 상황에 대한 자신의 생각)

(2) "난 도중에 그것에 관해 생각하고 있었어요. 난 내 자신에 관해 별로 많이 생각하지 않는 것 같아요."(자신의 생각에 대한 피상적인 묘사)

(3) "난 손으로 그 기둥을 쳤는데, 그때 내 손이 거의 부러질 뻔했어요. 난 다칠까 봐 내가 때리고 싶었던 만큼 세게 때릴 수가 없었어요." (특정 상황에서의 행동)

단 계 3

1. 특 징

주로 외부 사건이나 상황에 대해 얘기하지만, 그러한 외부 사건에 대한 자신의 감정이나 사적인 감정을 제한적, 삽화적으로 덧붙여 말한다. 특정 상황이나 역할에 국한시켜 자기를 표현하며, 따라서 개인적인 내현 반응이나 감정이 분명히 드러나긴 하지만 제한적이다. 가끔 웃음이나 한숨과 같은 정서적 지표를 통해 감정을 행동으로 나타내기도 한다.

단계 3의 내용에는 자신의 상황 및 외부 사건에 대한 묘사와 함께, 다음 세 가지 중 하나로 표현되는 감정 언급이 나타난다.

(a) 사건 당시의 감정이나 그것을 지금 회상할 때의 감정

〈예〉"그가 나에게 회답 전화를 하지 않아서 화가 났었어요."; "그가 나에게 회답 전화를 하지 않았어요. 지금 생각해 보니 화가 치밀어요."

(b) 자신의 사적인 경험과 관련된 어떤 상황의 개인적 중요성 및 의미

〈예〉"난 피곤해지면 그런 기묘한 기분이 들어요."

(c) 사건 당시의 자각 상태. 여기에는 그 사건에 국한된 동기, 의식, 사적인 지각 등이 포함된다.

〈예〉"내가 그런 말을 할 때, 난 내가 자신을 방어하려 하고 있다는 것을 알고 있었어요."; "난 그렇게 하는 것이 어리석은 짓임을 알고서도 그렇게 하고 말았어요."

2. 전 단계와의 구분

단계 2	단계 3
개인적으로 관련된 사건, 생각, 행동에 대한 내용을 지적으로 그리고 상황적으로 설명	외부 사건에 대한 지적인 설명에 덧붙여서, 감정이나 개인적 내면 상태를 그 사건에 국한하여 제한적으로 언급

3. 보 기

(1) "난 그 여자를 때리고 나서 너무 부끄럽고 창피했어요. 난 신체적으로 뿐만 아니라 정서적으로도 고통스러웠어요."(특정 사건과 이에 국한된 감정)

(2) "난 이렇게 안절부절못하고 앉아 있는 게 힘들어요."(특정 상황에서의 감정)

(3) "꿈을 꾸었어요 …… 난 그 남자상 함께 있어요. (중략), 그리고 내가 왜 학교에 그렇게 자주 결석했는지도 생각해 봤어요. 난 리포트를 미리 준비해 두지 않으면 안절부절 해요. 불안해서 학교에 안 가버리고

……"(특정 상황과 그에 따른 감정)

단 계 4

1. 특 징

단계 4 이후부터는 내담자의 초점에 있어서 중요한 변화가 나타나는데, 내담자는 외부 사건이나 추상적 개념이 아닌 주관적으로 느끼는 내적 체험에 주의를 기울이게 된다. 자신의 감정과 개인직이고 내적인 조망을 명확히 드러냄으로써, 자신의 현재 상태를 표현한다. 이야기의 주제는 사건 그 자체가 아닌 사건의 내적 체험 혹은 사건에 대한 감정이며, 이러한 체험이나 감정에 주의를 기울임으로써 자신의 감정, 성격, 동기, 목표, 그리고 사적인 지각을 분명히 표현해 낸다. 즉 그러한 체험이 자신에게 어떤 의미를 갖는지를 전달하는 것이다.

그러나 내담자는 내적인 체험들을 표현하고, 열거하고, 묘사하긴 하지만, 이런 내적 체험들이 자발적이고 의도적인 자기 탐색의 초점이 되지못하며, 자신이 제시한 내용들을 분석하지도 상호 관련시키지도 않는다.

2. 전 단계와의 구분

단계 3	단계 4
감정을 삽화적, 혹은 제한적으로 언급(외부 사건이나 행동에 관한 내용에 감정을 제한적으로 덧붙임)	주관적인 사적 체험이나 감정에 초점을 두고서 이를 표현해 냄

3. 보 기

(1) "난 이기적이 되긴 싫어요. (중략) 내가 단지 헛된 시간을 보내고있다고 느껴지면 난 더 이상 즐겁지가 않아요."(자신의 개인적 조망과

158

내적 체험의 표현)

(2) 상담자: "당신의 할머니에 대해서요?" 내담자: "예, 난 할머니를 정말로 사랑했어요. 또 그 사랑을 받을 자격이 있다고 느꼈어요."(자신의 감정과 주관적 반응 표현)

(3) 상담자: "난 또한 그것에 대해 어떻게 느끼는지 궁금해요. 당신은 그 순간 무서웠지요?" 내담자: "예, 난 정말 무서웠어요."(비자발적이긴 하지만, 자신의 내적 체험과 감정을 분명히 표현)

(4) "아녜요. 전에 말씀드린 것처럼 나는 어머니를 좋아해요. 난 어머니께 고통을 드리느니 차라리 내가 고통을 받고 싶어요. (중략) 내가 고통을 좀 더 받게 된다 해도 난 상관없어요. 그렇지만 어머니가 고통을 받으신다면, 난 정말 충격을 받을 거예요."(내적 감정에 의한 자기 묘사)

단 계 5

1. 특 징

내담자는 스스로의 감정과 체험에 대해 자발적으로, 그리고 의도적으로 탐색한다. 여기에는 두 가지 필요한 요소가 있다. 첫째, 내담자는 자신에 관한 질문, 문제, 명제 등을 그와 관련된 명확한 감정의 측면에서 표현하고 규정해야 한다. 내담자가 제시하는 문제나 명제는 감정을 다른 사적인 과정과 관련시키거나 감정의 기원, 순서, 의미, 결과 등을 포함할 수도 있다. 둘째, 내담자는 개인적인 방식으로 문제를 탐색해야 한다. 탐색은 내담자의 자각을 확장시켜 줄 수 있도록 처음의 명제와 명확한 관련성이 있어야 하며, 내적 과정에 주의를 기울이는 것이어야 한다.

이 단계의 주된 내용은 감정과 개인적 체험에 관한 문제나 명제로서, 내담자는 불명확한 자신의 자각에 대해서 의문을 갖고 탐색한다. 문법적인 면에서 보면 가정법이나 의문형이 자주 나타나며, 그 밖에 말 자체를

머뭇거리며 유창하지 못하다. 이것은 내담자가 자신의 감정을 명료화하고 내적 조망을 확장하기 위하여, 의문을 갖고 자발적으로 탐색하기 때문이다.

자신에 관한 문제나 가설은 감정, 사적인 내현 반응, 혹은 자기상(self-image)의 기초가 되는 가정들에 지향되어 있어야 하는데, 이는 다음과 같은 몇 가지 방식으로 제시될 수 있다.

(a) 감정, 내현 반응, 혹은 행동 패턴 등이 문제로 부각되거나, 다른 감정이나 자신의 다른 측면들과 갈등을 일으킬 수 있다.

〈예〉 "내가 화나는 것이 문제인 것 같아요."; "난 왜 그렇게 화를 내게 될까요?"

(b) 내담자는 자신이 특정 감정을 가지고 있는지, 또 어느 정도나 그 감정을 느끼고 있는지에 의문을 갖는다.

〈예〉 "내가 진짜 화난 걸까요?"; "내가 그 정도로 화가 많이 났었을까요?"

(c) 문제나 명제는 감정, 개인적 의미, 관련성, 그리고 내적인 결과 등에 의해 규정될 수 있으며, 감정의 원인, 연속되는 감정들의 흐름에서 그 감정의 위치, 그 감정의 표현 양식 등이 이러한 문제나 명제에 포함된다.

〈예〉 "난 내가 부적절하다고 느낄 때마다 화가 나는 걸까요?"; "난 우리 어머니가 그러셨던 것과 같은 식으로 화를 내게 되는 것 같아요."

(d) 감정, 내현 반응, 그리고 내적 과정들을 서로 비교한다.

2. 전 단계와의 구분

단계 4	단계 5
감정과 개인적인 내적 체험에 대한 묘사	감정과 개인적인 체험에 관한 자각의 불명료성에 대해 의문을 나타내며, 자발적으로 탐색
내적 체험들을 상호 관련시키지는 못함	내적 체험이나 감정에 의해 혹은 이들을 관련시킴으로써 문제를 규정
자기 묘사적	자기 탐색적, 가설적

3. 보 기

(1) "난 어떤 지속적인 우정이나 결혼, 사상 같은 것을 내가 찾을 수 있을지 불안해요. 그렇지만 한편으론 내가 그것보다 더 원하고 있는 것도 없거든요."(문제를 규정: 내적 불안과 사랑에 대한 소망 사이의 갈등)

(2) "난 그것이 …… 아 …… 내 자신이 테스트 받기가 싫었기 때문이라고 생각해요. 또 난, 음, 나쁜 일을 확인하는 게 두려워요."(자신의 감정 및 개인적 체험에 대해 자발적으로 가설을 세우고 탐색)

(3) "예 …… 그래서 내가 할 수 있는 무언가 보람있는 일이 있을 거라고 느껴요. 음, 난 더 이상 나를 제어한 그 누구에게도 고통을 주는 게 싫어요."(타인에게 고통을 주는 것에 대한 자신의 두려움을 상세히 표현)

(4) "그리고 무언가 공허감이 느껴져요. 그런데 난 그게 무엇인지 알 수가 없어요."(내적 체험에 대한 자발적인 탐색)

단 계 6

1. 특 징

내담자는 변화하고 있는, 혹은 새로 드러나는 감정들을 불분명하긴 하지만 직접적으로, 그리고 즉각적으로 지각한다. 그는 자신의 감정이나 내적 체험을 새로이 인식할 수 있게 되며, 보다 충분히 깨닫게 된다. 스스로에 대해 보다 명료히고 통합된 지각을 하게 되며, 개인직 중요성을 깃는 일에 대해 더욱 명확히 깨닫는다.

그러나 내담자의 이러한 지각은 즉시 생각할 수 있는 것, 혹은 명명할 수 있는 것보다 잠재적으로 더 많은 것에 대한 지각이다. 내담자가 지각할 수 있는 것은 분노, 기쁨, 슬픔, 혹은 무력감 등과 같은 쉽게 알아차릴 수 있는 감정 이상의 것이다. 만일 친숙하거나 쉽게 알 수 있는 감정이 존재하는 경우에는, 그 확인된 감정과 함께 그 이상의 것을 함께 지각한다.

그 순간에 새로 나타나는 감정 체험이 말의 주제가 된다. 그의 태도는 변화나 통찰이 나타나는 그 순간에 이를 반영하여 언어적으로 상세히 표현한다. 내담자는 문제의 해결이나 수용을 의미하는 증거와 함께, 문제에 대한 적극적이고 즉시적인 몰입 간을 표현한다. 문법적인 측면에서 보면 현재 시제가 많으며, 과거의 일을 언급할 경우에도 현재 일처럼 아주 생생하게 그리고 즉시적으로 표현한다.

내담자는 자신의 감정과 사적인 조망의 여러 다른 측면들, 그리고 이들 간의 관계성을 탐색함으로써, 새롭고 개인적으로 의미 있는 내적 체험을 하게 되거나 문제를 해결한다. 이러한 과정은 다음 몇 가지 방식으로 나타난다.

(a) 새로운 감정, 즉 변화된 감정으로 나타날 수 있다.

〈예〉 "나의 처책값은 그 일에 대한 나의 생각에서 비롯된 것임을 이제 알 것 같아요. 이제 난 그러한 처책값을 훨씬 덜 느끼게 되었어요."

(b) 문제 해결로 나타날 수도 있다.

〈예〉 "선생님도 아시다시피 난 내 자신에 대한 통제력을 잃게 될까 봐 두려웠기 때문에, 화가 나도 항상 억눌러 왔어요. 이제 난 내가 화을 내게 되더라도 그런 행동이 꼭 나쁜 것만은 아니라는 것을 알게 되었어요."

(c) 만일 내담자가 구체적인 외부 문제로부터 얘기를 시작하였다면, 관련된 감정이 그의 체험의 일부로서 표현되어야만 하며, 동시에 그의 문제에 대한 지각이 어떤 식으로든 변화되었음을 보여주어야만 한다.

〈예〉 "난 내 키가 매우 작았기 때문에 그녀에게 한번도 나가자고 요구하지 못했어요. 난 그녀가 날 난쟁이라고 부를까 봐 아직도 두렵긴 하지만, 그러나 난 기꺼이 그러한 위험을 감수하겠어요. 아마 그건 그녀가 그런 말을 하더라도 더 이상 날 난처하게 만들지는 못할 것임을 알게 되었기 때문일 거예요."

2. 전 단계와의 구분

단계 5	단계 6
내적 체험과 감정에 대한 자각의 불명료성에 의문을 갖고 자발적으로 탐색, 문제 규정	새로운 자각, 내적 체험에 대한 직접적, 즉시적 자각, 문제의 해결이나 수용, 체험이나 지각의 변화

3. 보 기

(1) "난 이제 딸에 대한 나의 의존성을 더 잘 알게 된 것 같아요. 난 딸의 사랑이 필요해요. 하지만 난 그 점을 받아드려야만 하고, 또한 내 자신을 받아드려야만 할 것 같아요."(문제 해결, 감정의 수용과 변화)

(2) "바로 그 곁에 존재하는 것은 두려움 이예요. 난 내가 아무런 감정 없이 그냥 거기에 있는 게 좋아요."(자신의 감정과 내적 체험에 대한 보다 충분한 인식과 자각)

(3) "음 …… 맞아요. 선생님도 기억하시겠지만 내가 처음 여기 올 때만 해도 미친 듯이 날뛰었잖아요? 그런데 아 …… 그런데 지금은 더 이상 그런 기분을 느끼지 않고 있어요."(감정의 변화)

단 계 7

1. 특 징

그 순간에 존재하는 즉시적인 감정과 내적 체험에 대한 내담자의 자각이 견실하며, 또한 확장되어 간다. 내담자는 새로운 감정을 어떤 순간에 지각하게 되면 각각의 그 감정들을 서로 관련시키고, 통합해 가면서, 하나의 체험에서 또 다른 체험으로 옮겨갈 수 있다. 즉 내담자는 이전의 체험에서 얻은 각각의 새로운 깨달음이나 자각을 서로 관련시키고 통합해 가며, 이러한 각각의 새로운 체험은 앞으로의 탐색을 위한 새로운 출발점이 된다.

하나의 문제에 대해 몇 가지의 관련된 해결책들을 찾아내며, 문법적 측면에서 보면 현재 시제가 대부분을 차지한다.

2. 전 단계와의 구분

단계 6	단계 7
즉시 표현해 낼 수 있는 것보다 더 많은 내적 체험 및 감정에 대한 지각, 내적 지각의 변화, 문제 해결 및 수용	순간순간의 감정과 내적 체험에 대한 자각이 견고하며, 이러한 자각이나 해결책들을 서로 관련시키고 통합함으로써 점차 확장, 발전시켜 나간다.

3. 보 기

"이제 그이에 대한 나의 의존성을 깨달았어요. 그동안 저의 지나친 의존성이 저희들 관계에 도움이 되진 않았던 것 같아요. 이제야 철이 드나 봐요. 오히려 이제부터는 제가 그이를 위해 무엇을 할 수 있을까 생각해 보고 싶군요."

체험 척도 요약

단 계	표현 내용	표현 양식
1	외부 사건: 상담 관계에 비개인적, 비감정적, 초연함	참여 거부
2	외부사건: 지적인 혹은 행동을 통한 자기 묘사	관심을 갖고 개인적인 자기 참여를 나타냄
3	외부 사건에 대한 개인적 내적 반응: 제한적인 자기 묘사: 감정을 행동으로 표현	반응적이며, 정서적 몰입을 보이기 시작
4	감정 및 개인적 체험에 대한 묘사	자신의 내적 체험이나 감정 묘사
5	감정 및 개인적 체험에 대한 문제나 명제	자발적으로 탐색하고, 가설 설정
6	개인적으로 중요한 문제의 해결을 위해 즉시적인 감정이나 체험들을 통합	감정들을 생생하게 표현하며 서로 통합한다. 대체적으로 긍정적 감정이 많이 나타남
7	체험을 충분히 그리고 즉시적으로 표현: 모든 요소들을 자신 있게 통합	자각을 확장시키고 확신에 차 있으며, 낙천적이고 긍정적임

단 계	문 법	감정 표현	준 언어	내 용
1	1인칭 대명사 없음: 현재 및 과거 시제	비감정적, 초연함	유창함	개인과 관계없는 타인의 행동 및 사건
2	인칭대명사: 현재 및 과거 시제	상호작용에 관심: 지적임	일반적으로 유창함	자신과 관련된 생각, 사건, 행동
3	인칭대명사: 현재 및 과거 시제	제한적인 주관적 반응	몇 가지 정동지표 (웃음, 한숨)	제한적, 삽화적으로 감정 언급
4	현재 및 과거 시제	즉시적, 표현적	정서의 표현	주관적 체험 및 연상
5	현재 시제, 과거도 가능: 가정법, 의문형	즉시적, 긴장되어 있고, 주저함	비유창성	자신의 자각에 있어서 불명료한 부분에 대해 의문을 보이고, 이를 문제나 명제로 규정
6	현재 시제: 또는 과거를 생생하게 현재 일처럼 제시	서술적, 신선하고 실제적	감탄사, 유창성과 비유창성의 교대, 침묵	변화하는 그 순간의 감정을 즉시 그리고 직접 지각, 지각의 변화
7	주로 현재 시제	긍정적	다소 유창함	스스로 자신을 안다

부록 3. 상담회기평가질문지

(상담자용)

평정 회기: _____회(년   월   일) 내담자/상담자 :

아래에는 몇 가지 형용사들이 쌍으로 제시되어 있습니다. 각각의 형용사 쌍에 대하여 이 상담이 어떻게 느껴지는지 그 정도를 가장 잘 나타내는 칸 위에 ✔표 하십시오. 예를 들어,

     좋은 ———:———:———:———:———:———:——— 형편없는

위와 같은 평정은 이번 상담이 꽤 좋은 시간이었다는 의미를 나타낼 수 있습니다. 너무 오래 생각하지 말고 그냥 느껴지는 대로 표시하십시오.

이번 상담 시간은 _____ 한 것이었다.

기분좋은 ———:———:———:———:———:———	언 짢 은
이완되는 ———:———:———:———:———:———	긴장되는
뿌 듯 한 ———:———:———:———:———:———	공 허 한
순조로운 ———:———:———:———:———:———	어 색 한
편 안 한 ———:———:———:———:———:———	거 북 한
강 력 한 ———:———:———:———:———:———	미 약 한
깊이있는 ———:———:———:———:———:———	피상적인
수 월 한 ———:———:———:———:———:———	힘 겨 운
가치있는 ———:———:———:———:———:———	쓸모없는
특 별 한 ———:———:———:———:———:———	평 범 한

부록 4. 상담회기평가질문지
(평정자용)

평정자:

평정 회기: _____회(년   월   일)

   아래에는 몇 가지 형용사들이 쌍으로 제시되어 있습니다. 각각의 형용사 쌍에 대하여 이 상담이 어떻게 느껴지는지 그 정도를 가장 잘 나타내는 칸 위에 ✔표 하십시오. 예를 들어,

     좋은 ──────:──────:──────:──────:──────:────── 형편없는

   위와 같은 평정은 이번 상담이 꽤 좋은 시간이었다는 의미를 나타낼 수 있습니다. 너무 오래 생각하지 말고 그냥 느껴지는 대로 표시하십시오.

이번 상담 시간은 _____ 한 것이었다.

기분좋은	:	:	:	:	:	:	언짢은
이완되는	:	:	:	:	:	:	긴장되는
뿌듯한	:	:	:	:	:	:	공허한
순조로운	:	:	:	:	:	:	어색한
편안한	:	:	:	:	:	:	거북한
강력한	:	:	:	:	:	:	미약한
깊이있는	:	:	:	:	:	:	피상적인
수월한	:	:	:	:	:	:	힘겨운
가치있는	:	:	:	:	:	:	쓸모없는
특별한	:	:	:	:	:	:	평범한

부록 5. 상담성과질문지
(상담자용)

안녕하십니까? 저희는 **심리상담의 과정**에 관한 연구를 하고 있습니다. 보다 의미 있는 결과를 얻기 위해 선생님의 도움을 얻고자 부탁드립니다. 다음 질문들에 **솔직하게** 응답해 주시면 대단히 감사하겠습니다.

질문 내용은 지금 선생님께서 하고 계시는 상담에 관한 것입니다. 선생님의 응답 내용은 (1) 연구자를 제외하고는 내담자를 포함해 **누구에게도 알려지지 않을 것**이며, (2) 오직 **연구 목적으로만 사용**되며, (3) **익명으로 처리될** 것임을 약속드립니다. **한 문항도 빼지 마시고 다 응답해** 주시기 바랍니다. 감사합니다.

* 다음 사항을 기록해 주십시오.

(   )년 (   )월 (   )일 (   )회기 후 작성.

* 다음 질문들은 이번 상담에 대한 전반적인 만족도를 알고자 하는 것입니다. 주의 깊게 읽으신 뒤, 적당한 숫자에 O표를 해 주십시오. (1점 쪽으로 갈수록 부정적으로 평가하는 것이며, 7점 쪽으로 갈수록 긍정적으로 평가하는 것입니다. 가운데 점수인 4점은 어느 쪽으로도 판단 내리기 어려운 경우입니다. 이 기준은 이하 모든 질문에 공통적으로 적용됩니다.)

1. 이때까지의 상담이 내담자의 어려움을 해결하는 데 얼마나 도움이 되었다고 생각하십니까?

2. 전체적으로 볼 때, 이때까지 하신 상담에 대해 얼마나 만족하십니까?

* 다음은 상담을 받기 전과 지금의 내담자의 상태를 비교하는 질문들입니다.

3. 내담자는 이 상담을 통하여, 다른 사람들의 행동이 자신에게 어떤 영향을 주고 있는지 더 잘 이해하게 되었다.

4. 내담자는 이 상담을 통하여, 자신의 행동이 다른 사람들에게 어떤 영향을 주고 있는지 더 잘 이해하게 되었다.

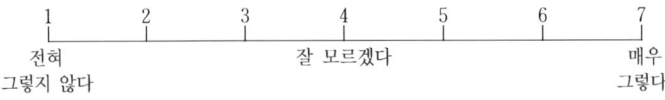

5. 내담자는 이 상담을 통하여, 자신이 주위에 있는 사람들로부터 무엇을 바라고(기대하고, 예상하고) 있는지 더 잘 이해하게 되었다.

6. 내담자는 이 상담을 통하여, 자신의 어려움과 문제가 어떻게 해서 생긴 것인지 그 이유를 더 잘 이해하게 되었다.

7. 내담자는 이 상담을 받기 전에 비해, 정서적으로 더 안정되었다.

8. 내담자는 이 상담을 받기 전에 비해, 주위에 있는 사람들과의 관계가 전반적으로 더 원만해졌다.

9. 상담을 받기 전에 비해, 내담자의 어려움과 문제는 ……

* 다음은 지금까지의 상담에서 느끼신 것들(상담자 자신, 내담자, 상담 과정에 대해 흡족하거나 미흡하다고 느끼신 점, 앞으로의 상담 방향 등)을 자유롭게 기록하는 난입니다.

부록 6. 상담성과질문지
(내담자용)

안녕하십니까? 저희는 **심리상담의 과정**에 관한 연구를 하고 있습니다. 보다 의미 있는 결과를 얻기 위해 귀하의 도움을 얻고자 부탁드립니다. 다음 질문들에 **솔직하게** 응답해 주시면 대단히 감사하겠습니다.

질문 내용은 지금 귀하께서 받으시는 상담에 관한 것입니다. 귀하의 응답 내용은 (1) 연구자를 제외하고는 **귀하의 상담자를 포함해 누구에게도 알려지지 않을 것**이며, (2) 오직 **연구 목적으로만 사용**되며, (3) **익명으로 처리될** 것임을 약속드립니다. **한 문항도 빼지 마시고 다 응답**해 주시기 바랍니다. 감사합니다.

* 다음 사항을 기록해 주십시오.

(　　)년 (　　)월 (　　)일 작성　　성별: 남·여　　나이: 만(　　)세

* 다음 질문들은 이번 상담 및 상담자에 대한 전반적인 만족도를 알고자 하는 것입니다. 주의 깊게 읽으신 뒤, 적당한 숫자에 O표를 해 주십시오. (1점 쪽으로 갈수록 부정적으로 평가하는 것이며, 7점 쪽으로 갈수록 긍정적으로 평가하는 것입니다. 가운데 점수인 4점은 어느 쪽으로도 판단 내리기 어려운 경우입니다.)

1. 이때까지의 상담이 귀하의 어려움을 해결하는 데 얼마나 도움이 되었다고 생각하십니까?

2. 전체적으로 볼 때, 이때까지 받으신 상담에 대해 얼마나 만족하십니까?

전혀
도움이 되지 않았나   잘 모르겠다   매우
                                                도움이 되었다

3. 만약 귀하의 친구가 비슷한 문제로 상담을 받고 싶어한다면, 귀하의 상담자를 소개해 주시겠습니까?

전혀
그리고 싶지 않다   잘 모르겠다   꼭
                                                그리고 싶다

4. 이번 상담이 모두 끝난 후 만약 다시 상담 받으실 필요가 생긴다면, 귀하의 상담자를 다시 찾아오시겠습니까?

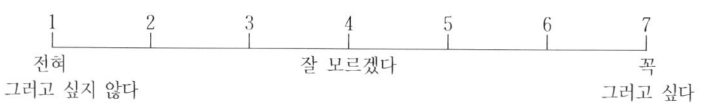

전혀
그리고 싶지 않다   잘 모르겠다   꼭
                                                그리고 싶다

* 다음은 상담을 받기 전과 지금의 상태를 비교하는 질문들입니다.

5. 나는 이 상담을 통하여, 다른 사람들의 행동이 <u>나에게</u> 어떤 영향을 주고 있는지 더 잘 이해하게 되었다.

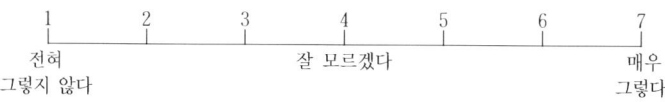

전혀
그렇지 않다   잘 모르겠다   매우
                                            그렇다

172

6. 나는 이 상담을 통하여, <u>나의</u> 행동이 다른 사람들에게 어떤 영향을 주고 있는지 더 잘 이해하게 되었다.

```
1       2       3       4       5       6       7
전혀                  잘 모르겠다                  매우
그렇지 않다                                        그렇다
```

7. 나는 이 상담을 통하여, 내가 주위에 있는 사람들로부터 무엇을 바라고(기대하고, 예상하고) 있는지 더 잘 이해하게 되었다.

```
1       2       3       4       5       6       7
전혀                  잘 모르겠다                  매우
그렇지 않다                                        그렇다
```

8. 나는 이 상담을 통하여, 나의 어려움과 문제가 어떻게 해서 생긴 것인지 그 이유를 더 잘 이해하게 되었다.

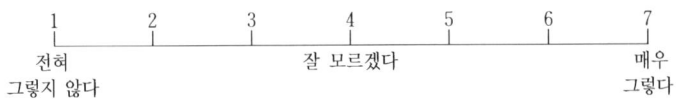

```
1       2       3       4       5       6       7
전혀                  잘 모르겠다                  매우
그렇지 않다                                        그렇다
```

9. 나는 이 상담을 받기 전에 비해, 정서적으로 더 안정되었다.

```
1       2       3       4       5       6       7
전혀                  잘 모르겠다                  매우
그렇지 않다                                        그렇다
```

10. 나는 이 상담을 받기 전에 비해, 주위에 있는 사람들과의 관계가 전반적으로 더 원만해졌다.

11. 상담을 받기 전에 비해, 나의 어려움과 문제는 ……

* 다음은 지금까지의 상담에서 느끼신 바를 자유롭게 기록하는 난입니다.

12. 이때까지의 상담과정이나 상담자에 대해 만족스럽거나 흡족하게 느끼신 점을 자유롭게 적어 주십시오.

13. 이때까지의 상담과정이나 상담자에 대해 불만스럽거나 미흡하다고 느끼신 점을 자유롭게 적어 주십시오.

부록 7. 축어록 평정의 예

사례 A의 17회기 중 일부

내22: (7초) 그러니까 어-제 의사랑 감정을 자유롭게 표현할 수 있기를 바래요. 자유롭게 표현할 수 있었으면 좋겠구 그리구 그게 좀 적절하게 되기를 바라구. (음) 그리구 제가 제 스스로 제 감정을 좀 알았으면 좋겠어요. 그러니까 스- 아이 어떻게 표현해야 될지를 잘 모르겠거든요? 그러니까 감정을 안다고 표현을 해야 되는 건지 아니면 그니까 제가 지금 예컨대 그 심경이 어떠냐고 물어봤을 때 그냥 내 심경을 그대로 얘기할 수 있었으면 좋겠거든요? (음) 그러길 바래요.

상22: (1초) 그런데 왜 못하지? 못하는 흐름이 어떤 거야?

내23: (3초) 스- 으- (4초) 일단은 (9초) 그러니까 나름대로 어떤- 그니까 느낌이 딱 들 때도 있는데 음- 대부분은 그 잘 모르겠단 생각, 모르겠거든요? 그 느낌이 어떤 건지?

상23: (1초) 〈웃음〉 금방 바뀌서 모르겠다는 생각이라 〈같이 웃음〉 그랬는데 그래 자기 말로 그렇게 바꾸면.

내24: (0초) 네. (음) 잘 모르겠어요. (음) 모르겠어서 그렇구 (음) 그러니까 제가 알고 싶다고 말한 게 바로 이거거든요? 모르겠기 때문에? 음- 근데 진짜로 잘 모르겠-는 걸요.

상24: (2초) 그러니까 (네) 그럴 수 있어. 음- (3초) 따귀를 때렸는데 기분이 나빠 화가 나 응? 일반적으로. 그리고 아파 응? 그런데 감각세포가 마비된 사람 마취를 시켜놓으면 아픈 걸, 맞고도 아픈 걸 몰라. 수술하는데 살을 이렇게 배를 갈라요. 아픈 줄을 몰라 응? 얼쭈 그렇게 마비됐어. 하두 억누르고 음. (3초) 그리고 내가 상처받은 줄도 모르고. 그러니까 그거 음- 하튼 왜 그렇게 억눌러야 하는-지 모르지만 하두 그러면 멍멍해져 갖고 마비가 된다구. 내가 지금 화가 난 건지- 뭐 한 건지 그런 거. 일단 자기 말로 하고 모르면 내가 무슨 감정인지 느낄려고 이렇게- 음미해 보고. 여기에 〈가슴 부분을 가리키며〉 이렇-게 집중해 보고. (9초) 상처를 받는다는 건 그 감정을 다 느낀다는 거지. (으음) 안 느끼는 것처럼 억누르고 가장할 뿐이지. 그 가장하는 자기 감추려는 가장하려는 억누르려는 그 힘을 이렇게 제거하면 억누른 게 나오게 마련이지. (으음)

내25: (38초) 〈한숨〉 (9초) 아 그런 흐흐- 흠 〈한숨〉

상25: (2초) 왜? 떠오 (따- 흐) 르는 거 얘기- 하랬는데 떠오르는 거 얘기 안 하는 거 같애.

내26: (1초) 〈떨리는 목소리로〉 흐흐흐 예 지금 얘기할려 그랬는데. 따귀 맞는 킥히 얘길 하셔가지구 (응?) 옛날 뺨 맞았던 킥히 얘기가 생각이 나가지구 (아아) 눈물이 날 거 같애요.

상26: (1초) 으음 그때도 (네) 그랬잖아 아무렇지도 않은 척. (네) 그렇게 어- 뭐라 그러나 내27: (3초) 그때 그러니까 한순간만 그렇게 가장하고 나서 어 그러니까 그- 흑흑 〈눈물 흘림. 울면서 흐느끼면서〉 그때 그렇게 했으면은 그러니까 보여줬으면은 괜찮았는데 그게 안되니까 그러구 나서 어 휴 1년이 뭐예요. 어휴 돼게 오랜 시간을 그것 때문에 되게 괴로워하고 그랬었는데.

상27: (1초) 그러니까 얼마나 상처를 받았으면 그걸 보여줄 수 조차 없는 거야.

내28: (3초) 그때도 그렇구 쯧 〈한숨〉 (3초) 남자친구랑 헤어졌을 때두 그니까 그 친구는 술두 막 먹구 시험도 안 보구 그러면서 힘든 거 사람들한테 다 드러냈는데. (3초) (음) 흑흑 〈눈물이 쏟아져 코 풀고 눈물 닦음〉 (7초) 저는 막 그랬거든요. 다리에 진짜 쯧! 밥두 먹기 싫구 흑흑흑 밤에 막 잠두 안 오구 자다가도 막 일어나서 한밤중에 깨서 막 울구 그랬으면서 (6초) 학교에서 이렇게 길을 걸어가다 보면 다리에 막 힘이 풀려 가지구 흑 주저앉고 싶은 때가 한 두 번이 아니었는데도 흑흑 (4초) 되게 막 자존심이 상하거든요. 흑 (3초) 그 사람 만났을 때 아무렇지도 않-게 행동을 못 하나 난. 그 생각 때문에 그랬구 흑흑 세미나도 안 하던 것두 막 네 개씩 만들어 가지구 막 하구.

상28: (1초) 그 감정이 다 있잖아. 감정이 없는 게 아니야. 그걸 감추고 아무렇지도 않은 듯 왜 그렇게 보일려고 해. 자기가 여지껏 지향한 게 그거잖아. 난 감정도 하나도. 무슨 일을 당해도 〈내: 휴지를 꺼내 눈물을 닦음〉 뺨을 맞던 그보다 더한 걸 해도 난 감정에 타격을 안 받는다는 〈내: 한숨〉 그걸 보이려고 자꾸 평생 애를 써 온 거잖아 그지? 무의식적으로 그렇게 하는. (3초) 그 감정 다 느끈 거야. 감추려고만 하지 않으면 다 느끼게 되어 있지 그러니깐.

내29: (52초) 〈흑흑 눈물 닦음. 한 동안 움〉 그래서 쯧 그렇게 되는 게 되게 싫은데. (11초) 엄마가 마음 상하는 말을 하면 그것 때문에 〈한숨〉 (3초) 엄마가 마음 상하게 할려구 (3초) 그런 말을 한다는 거를 알기 때문에 그러면은 어- 하여튼 그 엄마는 자기가 할려고 음- 쯧 자기가 할려고 했던 대로 되는 거잖아요. 하고 싶어 하는대로 되는 건데. 그러면 내가 (4초) (음) (5초) 아무튼 엄마한테 그런 거 되게 보여주고 싶었어요. 나는 엄마가 그렇게 말해도 타격 받지 않는다는 걸 보여주고 싶었고.

상29: (2초) 평생 자기루- 음 (6초) 엄마가 그러니까 음 (5초) 내 상처를 긁, 상처 줄려고 그러면 그럴수록 난 거기 의연해져야 하고. (3초) 속으론 엄청 상처 받으면서두 드러낼 수가 없었고. (네에) 음. (4초) 그런 식으로 뺨 때리는 애한테. 그런 식으로 사귀던 남자한테 그렇게 한 거야. (14초) 그리고 여기서도 순간순간 작은 감정에 대해서도 매순간 그러면서 살아 온 거야. (5초) 응? (네에) 음.

내 30: (12초) 〈한숨〉 상담을 할려고 생각을 하면 제가 그렇다는 건 별로 생, 못 느-꼈거든요? 그러니까 감정을 감, 오히려 너무 나는 많이 우울해지고 되게 자주 슬퍼지는데 그런 것들을 사람들 한, 사람들한테 보이기 싫은데 내지는 그러니까 그런 감정을 느끼기 싫은데 라는 그런 생각 때문에 사실은 상담을 시작한 게 더 많아요. 그래서 음- 쯧 우울해 하구 뭐 이런 거에 대해서 그렇게 생각하면서 상담을 시작한 거거든요. 근데 스- 그러니까 방향이 그니까 나 같은 경우에는 내가 그런 감정 안 느끼게 되도록 그 해야 된다는 그런 방향을 가니까 나 같은 경우에는 내가 그런 감정 안 느끼게 되도록 그 해야 된다라는 그런 방향을 가지고 온 건데. 그래서 제가 으 그러니까 심경이 어떠냐고 물어보는 거에 대해서 되게 불편하구 그리구 (4초) 나로 살으라고 자꾸 그러시는데 어떻게 하라는 킥히 건지 알 수도 없구.

상30: (1초) 그러니까 오히려 (네) 그렇게 하고 싶다 (네) 그런 얘기는 상담목표에 (네) 처음에 (네) 얘기하지 않고 처음에는 엄마의 영향을 많이 받아서 내가 결혼해서두 자식한테 어떻게 해야 할지 모르겠고 결혼을 할 수 있을지 이런 게 두려워서 음- (4초) (그러니까 계속해서) 바꾸고 싶다 이런 거지. (네) 음 그런데 〈내: 한숨, 눈물 닦음〉 (5초) 그러면 왜 그런 얘긴 안 했어. 감정을 그러니까 더 완벽하게 숨길 그런 걸 지향하고 (네) 살아왔어.

내31: (1초) 근데 그게 그런 건지 잘 몰랐어요. 이렇게- 그러니까 사람이 감정도 있고 이성도 있다는 거에 대해서 별로- 그런 점을 생각을 안 하구 그리구 지금까지 그런 거처럼 그냥- (4초) 그게 그러니까 감정을 숨기는 거다 그렇게 생각을 안하구 그리구 지금까지 그런 거처럼 그냥- (4초) 그게 그러니까 감정을 숨기는 거다라고 생각을 안하고 그러니까 감정을 다스려서 좀 의지적이구 의연한 사람이 된다 그런 식으로 생각을 한 거죠. 계속해서.

상31: (0초) 그게 더 일차적인 목표였는데. 그러니까 실연을 당하든 더 끔찍한 일을 당해서 내 몸이 산산이 부서져도 나는 하나도 아픔을 느끼지 않고 완벽하게 오뚜기처럼 음 그러길 바라는 게 그게 제1차적인 삶의 목표였는데 그게 안 돼서 여기 온 게 제일 큰데. 그걸 얘길 안 했어.

평정자 1

공감반응 상.반.번	다차원적 공감 반응 척도									체험수준 척도	
	내담자 감정	인지적 추론과 명료화	화제의 핵심성	표현력	협력성	말 허용하기 대 압도하기	탐 색	탐색의 효과	총 점	내담자 반응 번호	체험 수준
										내22	4
상22	2	2	3	3	3	2	2	2	19	내23	4
상23	1	2	3	3	2	4	2	2	19	내24	4
상24	3	4	4	4	4	2	4	2	27	내25	4
상25	2	3	3	3	4	2	4	4	25	내26	4
상26	1	3	3	4	4	2	4	4	25	내27	4
상27	4	4	4	4	4	2	4	4	30	내28	4
상28	4	4	4	4	4	4	4	4	32	내29	4
상29	4	4	4	4	4	4	4	4	32	내30	4
상30	4	4	4	4	4	3	4	4	31	내31	4
상31	3	4	4	4	4	2	4	4	29		

평정자 2

공감반응 상.반.번	다차원적 공감 반응 척도									체험수준 척도	
	내담자 감정	인지적 추론과 명료화	화제의 핵심성	표현력	협력성	말 허용하기 대 압도하기	탐 색	탐색의 효과	총 점	내담자 반응 번호	체험 수준
										내22	4
상22	2	3	4	3	4	2	4	2	24	내23	4
상23	1	0	2	1	3	2	2	1	12	내24	4
상24	2	4	4	4	4	2	4	1	25	내25	4
상25	1	2	3	2	4	2	2	4	20	내26	4
상26	2	2	3	1	4	2	2	4	20	내27	4
상27	4	4	4	4	4	2	2	4	28	내28	5
상28	4	4	4	4	4	4	2	4	30	내29	5
상29	4	4	4	3	4	4	2	4	29	내30	5
상30	2	4	4	3	4	4	2	4	27	내31	4
상31	2	3	4	4	4	4	3	4	28		

부록 8. 사례별 회기별 공감 차원들과 체험수준과의 상관

〈사례 A〉

상담회기	관찰사례	인지적 추론과 명료화	화제의 핵심성	표현력	말 허용하기 대 압도하기	탐 색	탐색의 효과
1	20	.59**	.58**	.63**	.51*	.38	-.18
2	62	.52***	.53***	.56***	.44***	.36**	.41***
3	41	.27	.28	.19	.06	.39	.62***
4	25	.35	.23	.49**	.13	-.06	.23
5	36	.44**	.40*	.40*	.24	.52***	.65***
6	41	.16	-.01	.11	.07	.25	.57***
7	16	.32	.32	.23	.62**	.28	.57*
8	35	.29	.28	.33	.36*	.22	-.10
9	15	.20	.24	.18	.60*	.29	.25
10	3	.76	.76	.93	.76	-.65	-.94
11	26	-.47*	-.54**	-.36	.11	.06	.07
12	27	.37	.39*	.11	.40*	.53**	.05
13	41	.28	.28	.43**	.05	-.09	-.16
14	-	-	-	-	-	-	-
15	46	.36*	.41**	.36*	.44**	.36*	.03
16	49	.00	.36*	.15	-.05	.50***	.65***
17	38	.29	.22	.21	.58***	.20	-.02
18	43	.22	.20	.20	.26	.17	-.12
19	48	.25	.21	.35*	.17	.36*	.43**
20	40	.36*	.40*	.22	.40*	.23	.30
21	16	-.04	-.18	.22	.53*	-.28	.44
22	27	.25	.24	.27	-.48*	.26	.14
23	38	.25	.15	.29	.39*	.12	.02
24	17	.37	.40	.27	.39	.30	-.21
25	20	-.20	-.42	-.03	.59**	.11	.09
26	20	.20	.14	.26	.50*	.31	.05
27	26	-.10	-.04	-.06	.26	-.09	-.32
28	40	.46**	.42**	.54***	.29	-.20	-.15
29	20	.27	.32	.29	.31	.57**	.12
30	19	.15	-.01	-.07	.04	.15	.04

* *p*<.05　** *p*<.01　*** *p*<.001

〈사례 B〉

상담 회기	관찰 사례	인지적 추론과 명료화	화제의 핵심성	표현력	말 허용하기 대 압노하기	탐　색	탐색의 효과
1	57	.32*	.12	-.06	.36**	.27*	.67***
2	40	.17	.13	.11	.01	.21	.63***
3	50	.17	.09	.06	.41**	.35*	.28
4	61	.25	.18	.27*	-.01	.12	.55***
5	48	.54***	.45***	.40**	-.14	.17	.45***
6	52	.34*	.23	.23	.11	.20	.64***
7	74	.13	.36**	.18	.20	.25*	.13
8	76	.24*	.21	.08	.09	.15	.52***
9	46	.17	.34*	.10	.42**	.35*	.36*
10	54	.18	.28*	.06	.41**	.12	.01
11	64	.31*	.39***	.29*	.10	.34**	.71***
12	66	.22	.22	.06	.15	.40***	.14
13	105	-.10	-.02	-.12	.02	.04	.01
14	72	.28*	.23	-.05	-.19	-.03	.19
15	65	.32**	.39*	.27*	.03	.22	.19
16	84	.22*	.32**	.22*	.21	.31**	.27*
17	87	.28**	.31**	.17	.08	.22	.49***
18	60	.42*	.30*	.24	.32*	.21	.08
19	94	.34***	.49***	.33***	-.11	.40***	.42***
20	53	.30*	.22	.17	.04	.19	.22
21	61	.15	.19	.10	.06	.31*	.17
22	60	.01	.06	-.03	.25	.06	.06
23	89	.05	.09	.03	.21*	.08	.06
24	66	.14	.12	.16	.19	.09	.10
25	110	-.01	.06	.10	-.12	.07	.31***
26	59	-.04	-.03	.10	.23	.08	.01
27	91	-.20	-.10	-.19	-.13	-.14	.08
28	74	.31**	.41***	.18	.18	.23*	.30**
29	41	.05	.28	.14	.04	.14	.10
30	42	-.38*	-.27	-.06	.04	.11	-.22

* $p < .05$　** $p < .01$　*** $p < .001$

부록 9. 집단의 동질성 검증: 산포도(scatterplot)

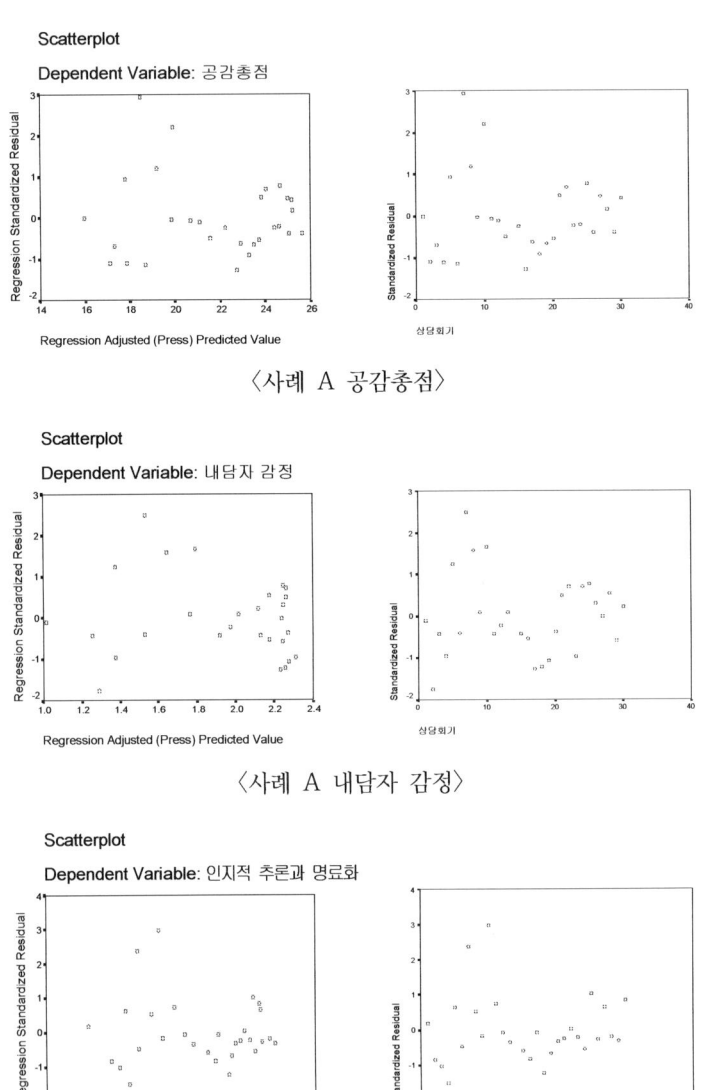

〈사례 A 공감총점〉

〈사례 A 내담자 감정〉

〈사례 A 인지적 추론과 명료화〉

Scatterplot

Dependent Variable: 화제의 핵심성

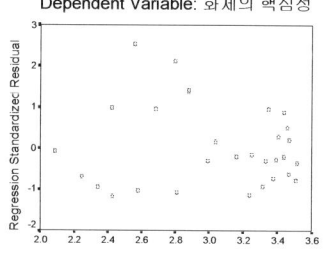
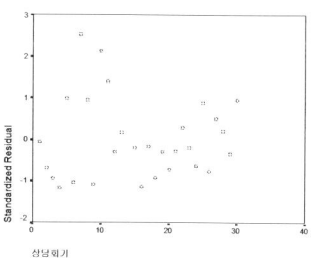

〈사례 A 화제의 핵심성〉

Scatterplot

Dependent Variable: 표현력

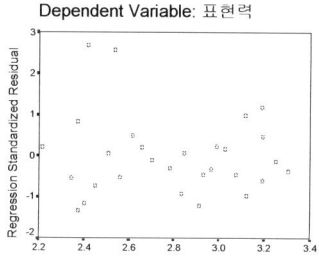
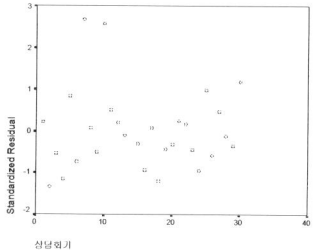

〈사례 A 표현력〉

Scatterplot

Dependent Variable: 협력성

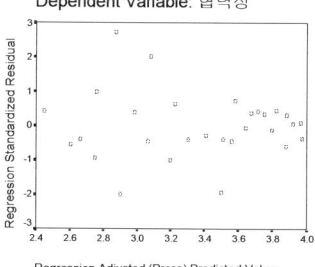
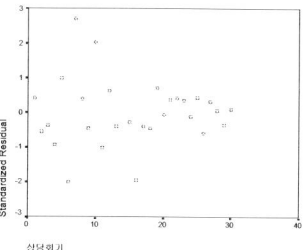

〈사례 A 협력성〉

184

Scatterplot

Dependent Variable: 말 허용하기 대 압

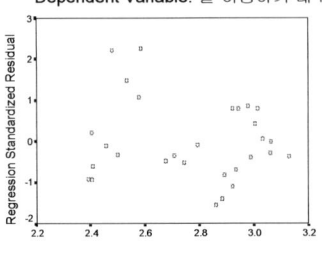
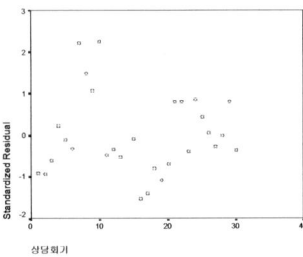

〈사례 A 말 허용하기 대 압도하기〉

Scatterplot

Dependent Variable: 탐색

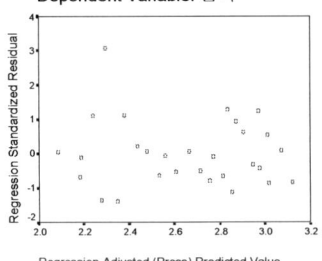
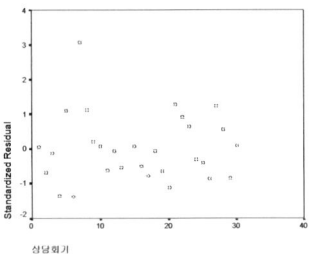

〈사례 A 탐색〉

Scatterplot

Dependent Variable: 탐색의 효과

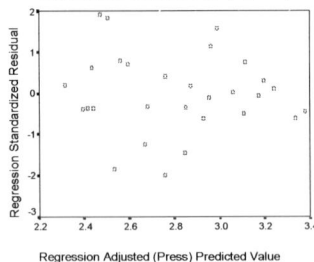
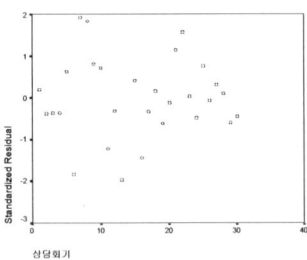

〈사례 A 탐색의 효과〉

Scatterplot

Dependent Variable: 공감총점

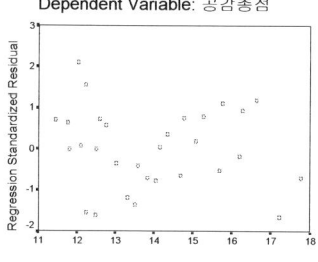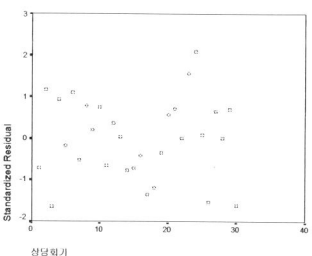

〈사례 B 공감 총점〉

Scatterplot

Dependent Variable: 내담자 감정

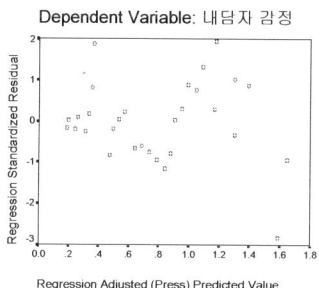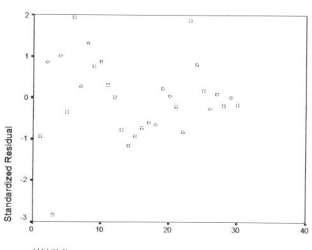

〈사례 B 내담자 감정〉

Scatterplot

Dependent Variable: 인지적 추론과 명

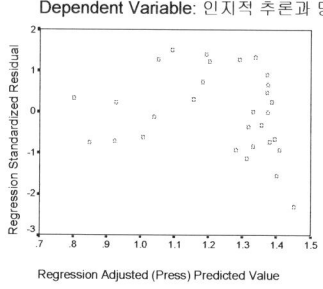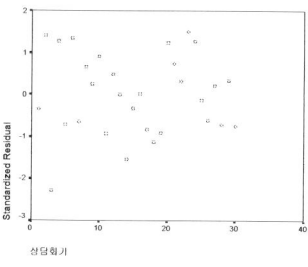

〈사례 B 인지적 추론과 명료화〉

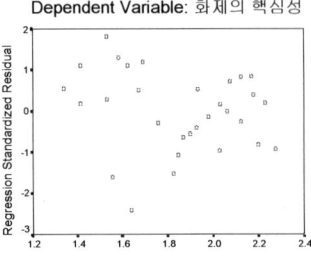
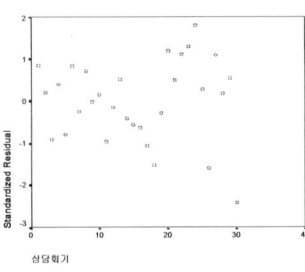

〈사례 B 화제의 핵심성〉

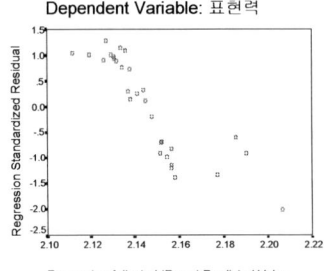
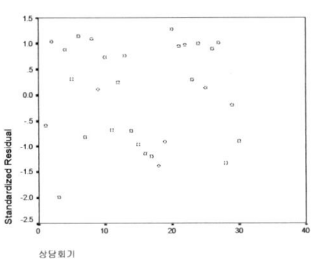

〈사례 B 표현력〉

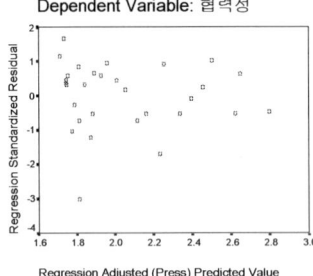
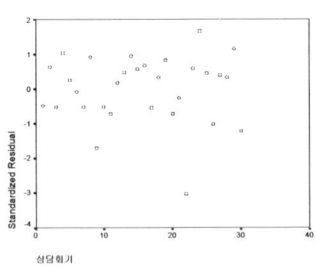

〈사례 B 협력성〉

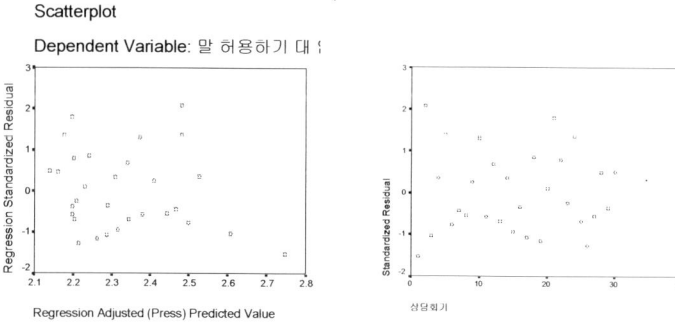

〈사례 B 말 허용하기 대 압도하기〉

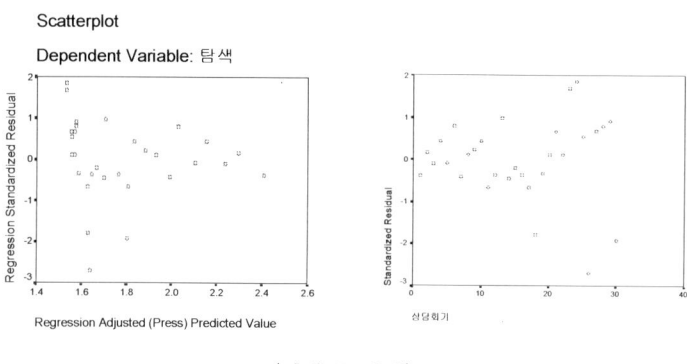

〈사례 B 탐색〉

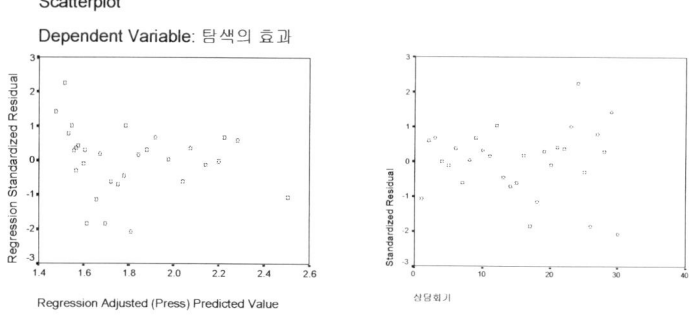

〈사례 B 탐색의 효과〉

Scatterplot

Dependent Variable: 체험 mode

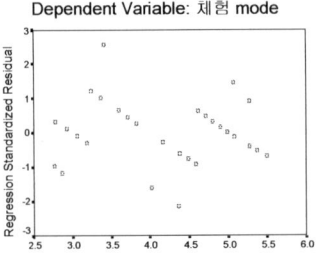

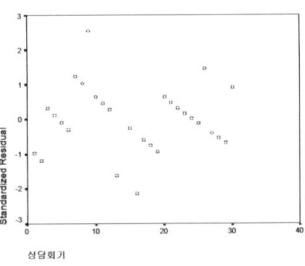

〈사례 A 체험수준〉

Scatterplot

Dependent Variable: 체험 mode

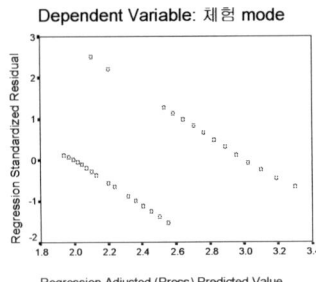

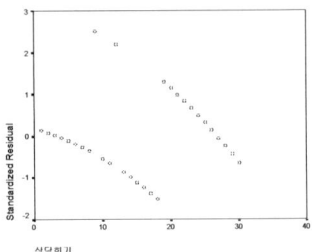

〈사례 B 체험수준〉

Scatterplot

Dependent Variable: SMOOTH

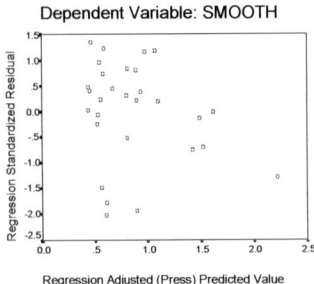

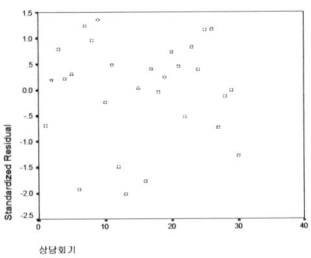

〈사례 A 순조로움-전체평균〉

Scatterplot

Dependent Variable: DEPTH

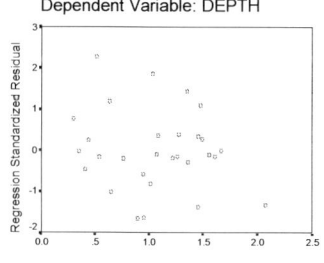 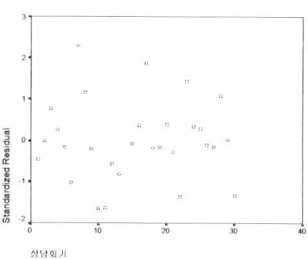

〈사례 A 깊이-전체평균〉

Scatterplot

Dependent Variable: 평_순조

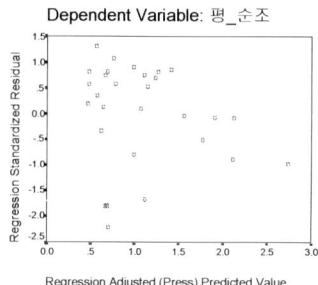 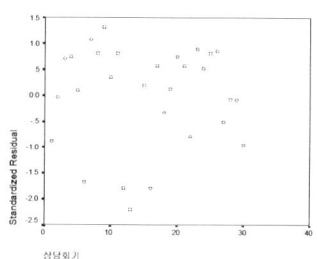

〈사례 A 순조로움-평정자평균〉

Scatterplot

Dependent Variable: 평_깊이

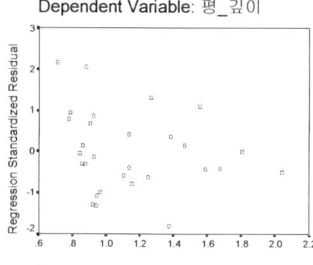 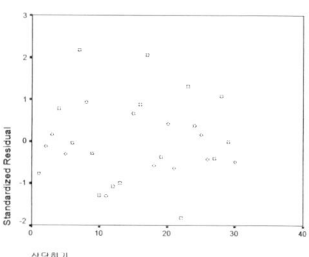

〈사례 A 깊이-평정자평균〉

Scatterplot

Dependent Variable: 상-순조로움

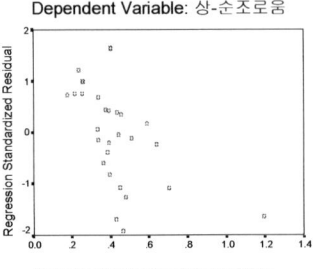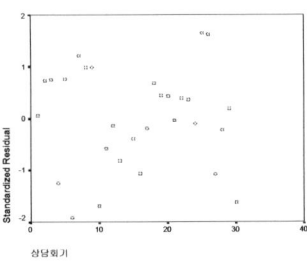

〈사례 A 순조로움-상담자〉

Scatterplot

Dependent Variable: 상-깊이

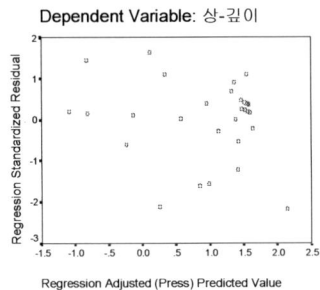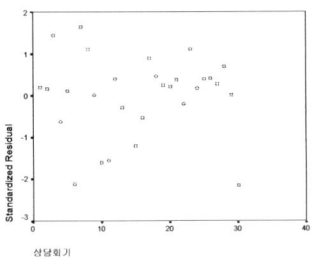

〈사례 A 깊이-상담자〉

Scatterplot

Dependent Variable: SMOOTH

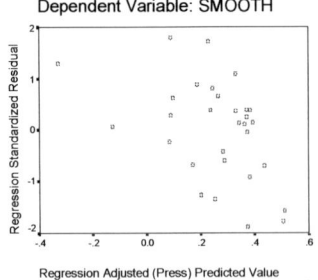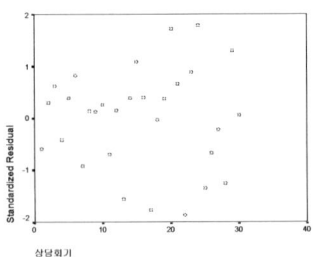

〈사례 B 순조로움-전체평균〉

Scatterplot

Dependent Variable: DEPTH

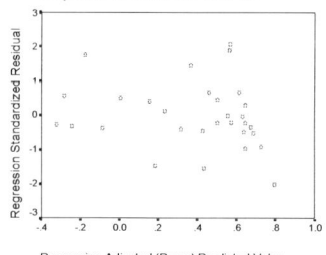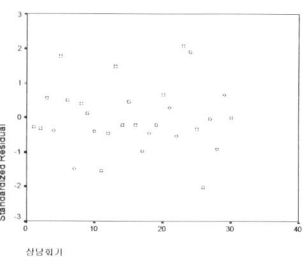

〈사례 B 깊이-전체평균〉

Scatterplot

Dependent Variable: 평_순조

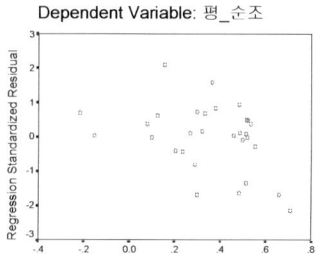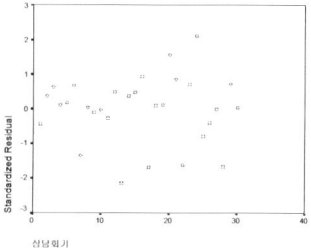

〈사례 B 순조로움-평정자평균〉

Scatterplot

Dependent Variable: 평_깊이

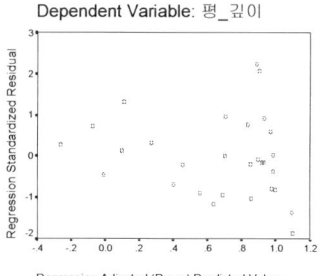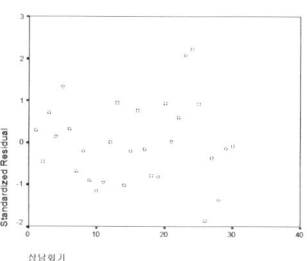

〈사례 B 깊이-평정자평균〉

Scatterplot

Dependent Variable: 상-순조로움

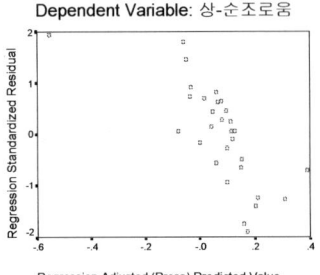

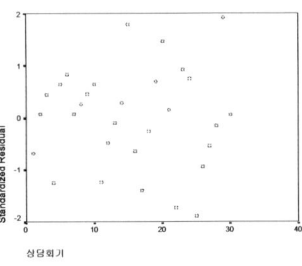

〈사례 B 순조로움-상담자〉

Scatterplot

Dependent Variable: 상-깊이

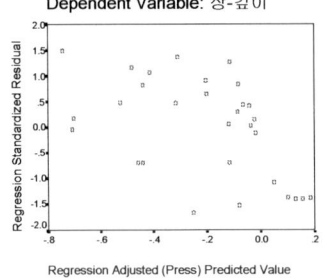

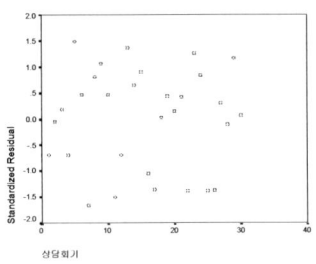

〈사례 B 깊이-상담자〉

부록 10. 집단의 정규분포 검증:
히스토그램(histogram)과 Normal Probability

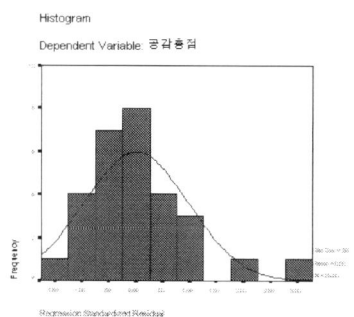

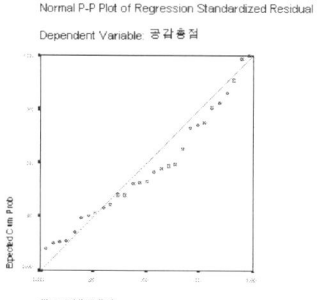

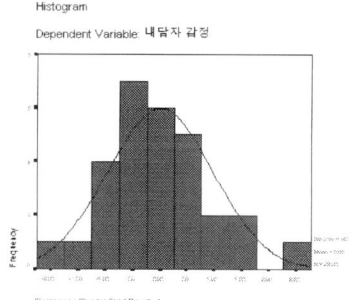

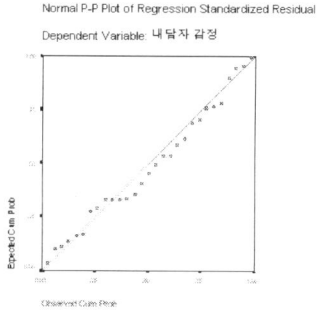

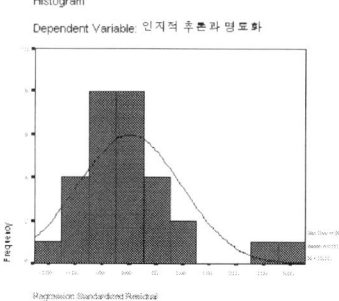

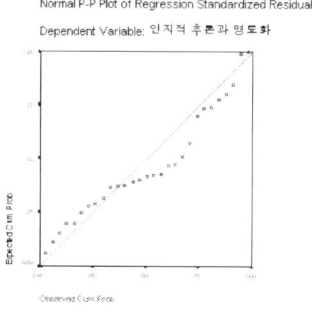

Histogram

Dependent Variable: 화제의 핵심성

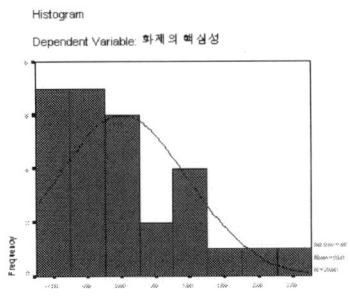

Normal P-P Plot of Regression Standardized Residual

Dependent Variable: 화제의 핵심성

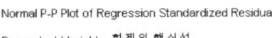
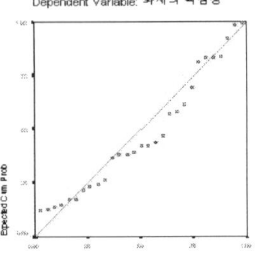

Histogram

Dependent Variable: 표현력

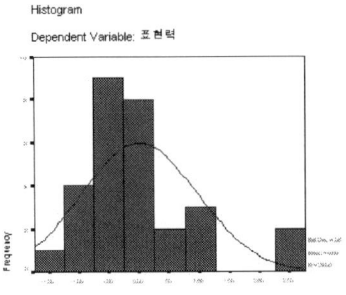

Normal P-P Plot of Regression Standardized Residual

Dependent Variable: 표현력

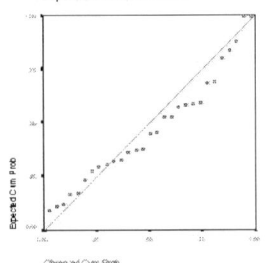

Histogram

Dependent Variable: 협력성

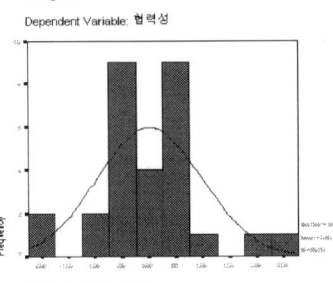

Normal P-P Plot of Regression Standardized Residual

Dependent Variable: 협력성

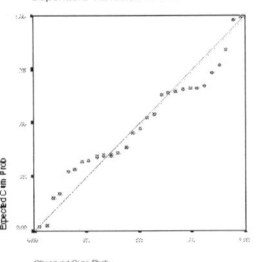

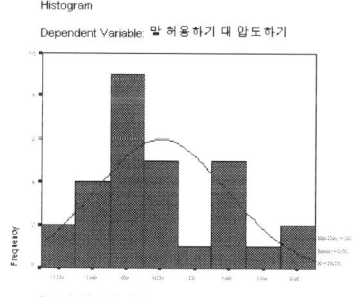

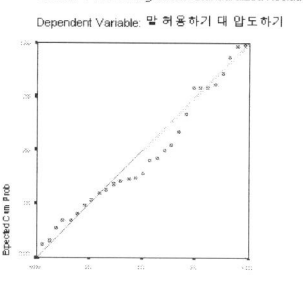

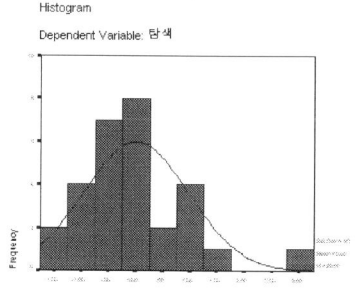

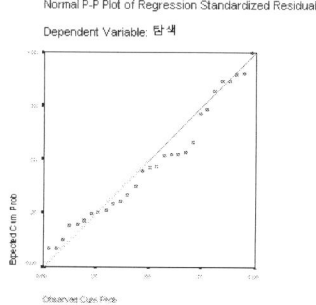

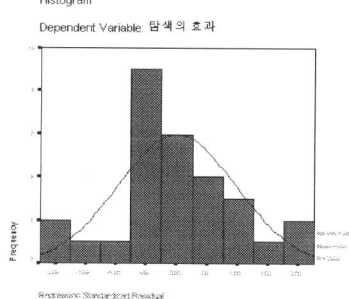

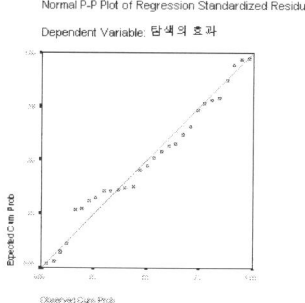

〈사례 A 공감반응〉

Histogram

Dependent Variable: 공감흥절

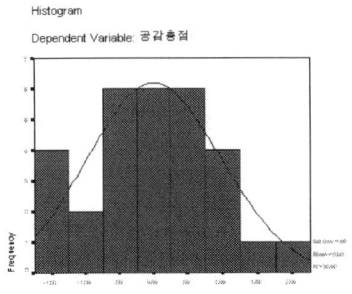

Regression Standardized Residual

Normal P-P Plot of Regression Standardized Residual

Dependent Variable: 공감흥절

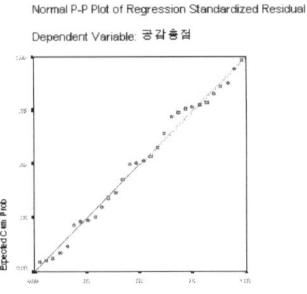

Observed Cum Prob

Histogram

Dependent Variable: 내담자 감정

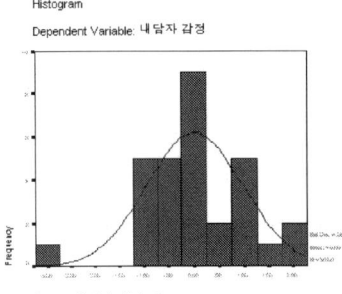

Regression Standardized Residual

Normal P-P Plot of Regression Standardized Residual

Dependent Variable: 내담자 감정

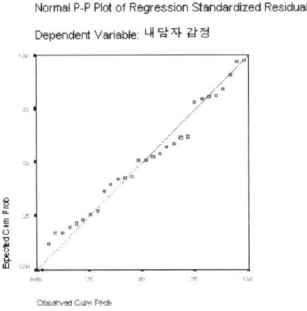

Observed Cum Prob

Histogram

Dependent Variable: 인지적 후훈과 명료화

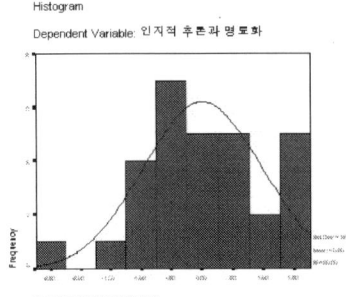

Regression Standardized Residual

Normal P-P Plot of Regression Standardized Residual

Dependent Variable: 인지적 후훈과 명료화

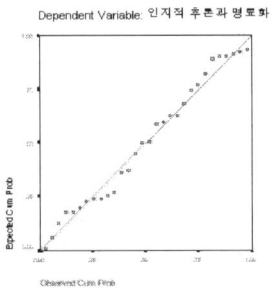

Observed Cum Prob

Histogram

Dependent Variable: 화제의 핵심성

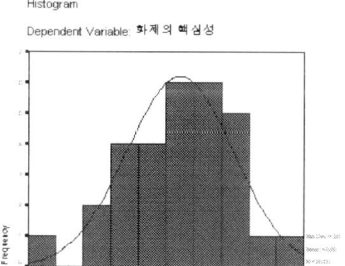

Regression Standardized Residual

Normal P-P Plot of Regression Standardized Residual

Dependent Variable: 화제의 핵심성

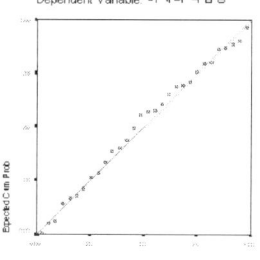

Observed Cum Prob

Histogram

Dependent Variable: 표현력

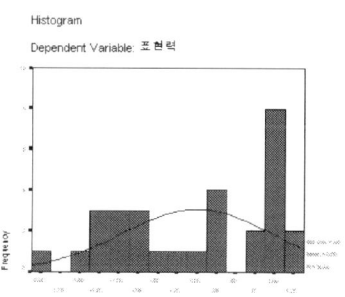

Regression Standardized Residual

Normal P-P Plot of Regression Standardized Residual

Dependent Variable: 표현력

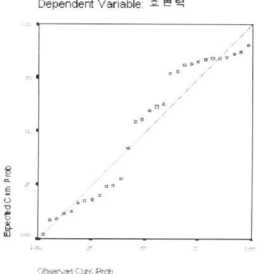

Observed Cum Prob

Histogram

Dependent Variable: 협력성

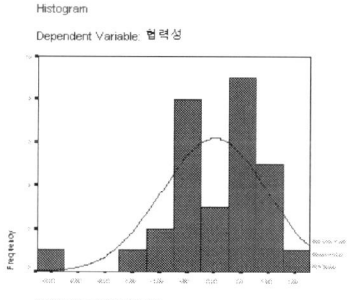

Regression Standardized Residual

Normal P-P Plot of Regression Standardized Residual

Dependent Variable: 협력성

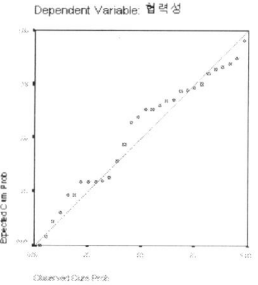

Observed Cum Prob

198

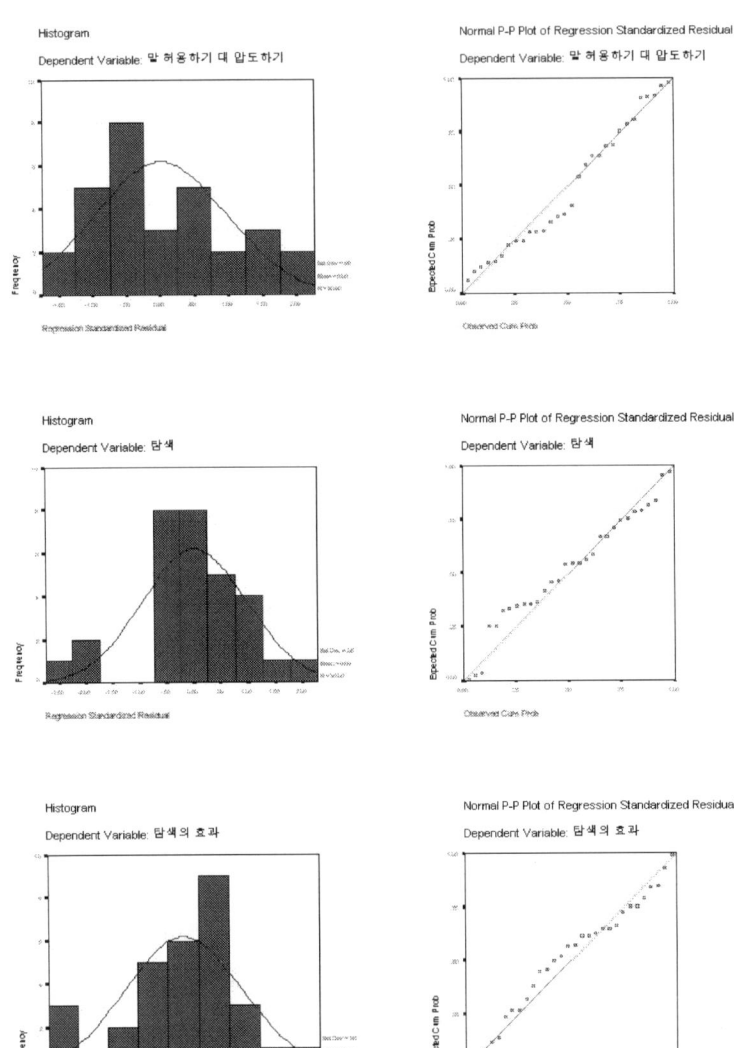

〈사례 B 공감〉

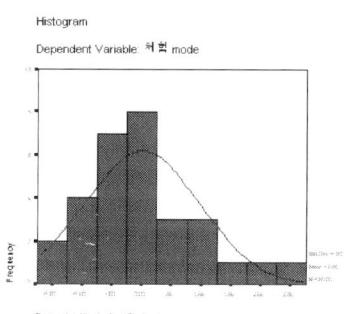
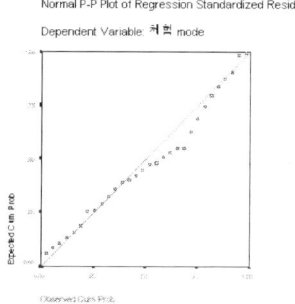

〈사례 A 체험수준〉

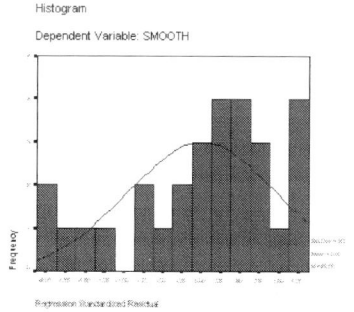
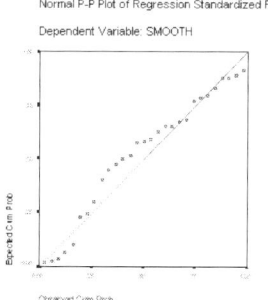

〈사례 B 체험수준〉

〈사례 A 순조로움-전체〉

200

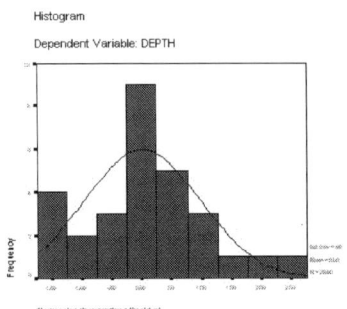
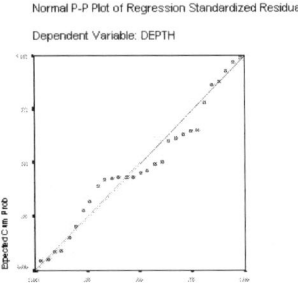

〈사례 A 깊이-전체〉

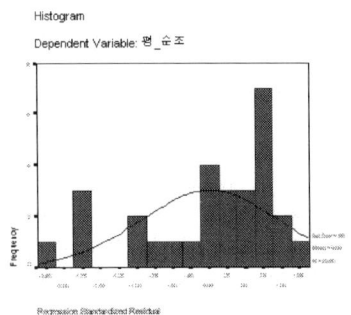
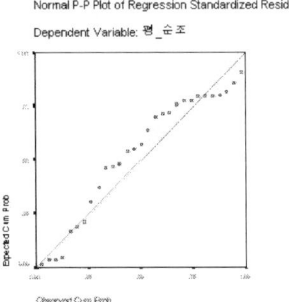

〈사례 A 순조로움-평정자〉

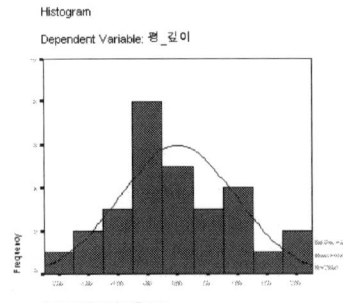
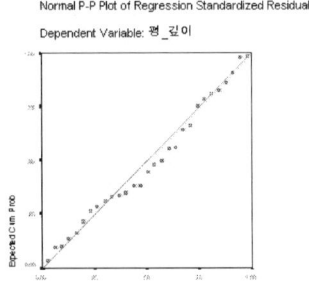

〈사례 A 깊이-평정자〉

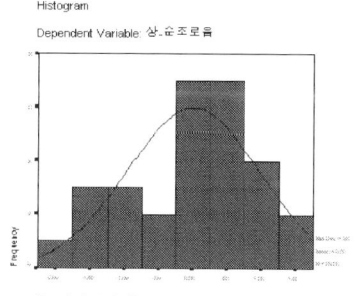
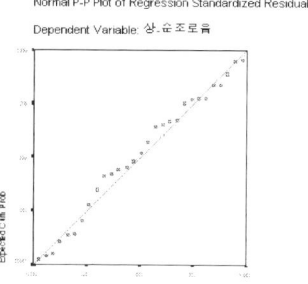

〈사례 A 순조로움-상담자〉

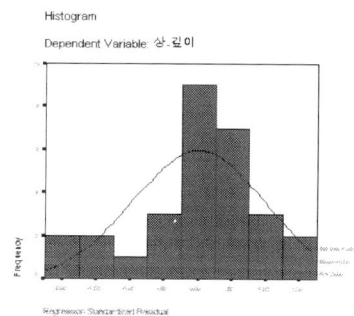
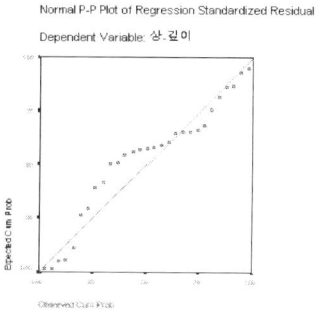

〈사례 A 깊이-상담자〉

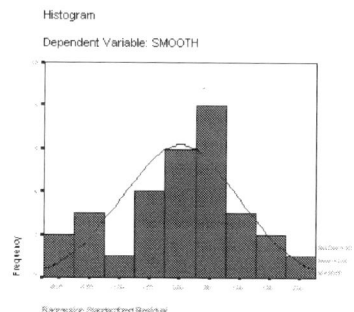
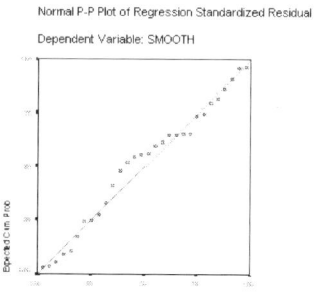

〈사례 B 순조로움 -전체〉

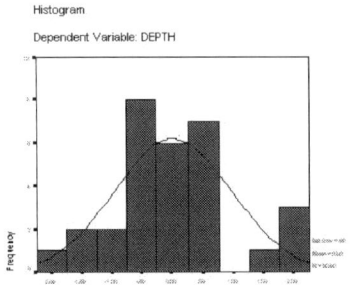
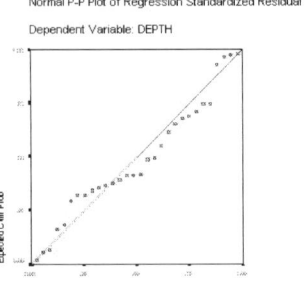

〈사례 B 깊이-전체〉

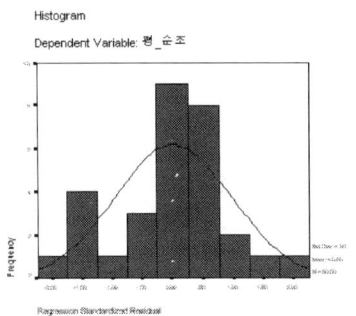
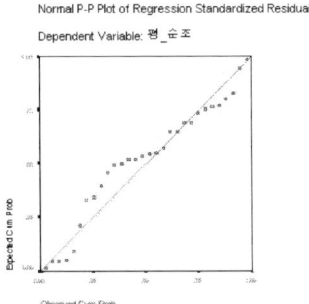

〈사례 B 순조로움-평정자〉

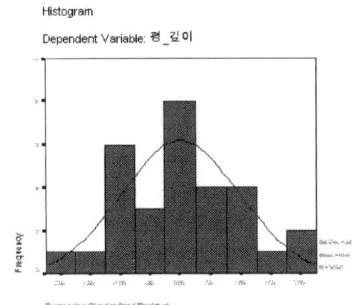
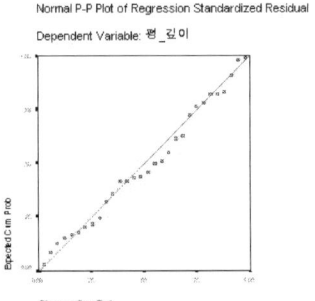

〈사례 B 깊이-평정자〉

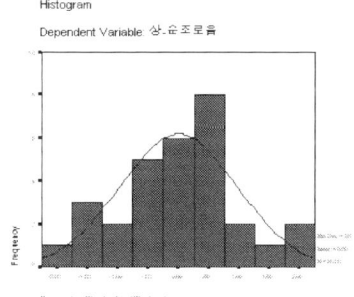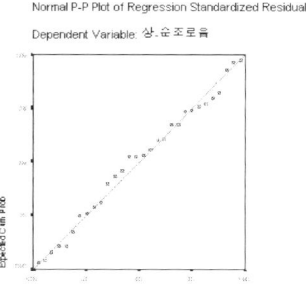

〈사례 B 순조로움-상담자〉

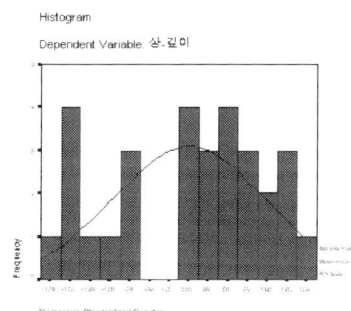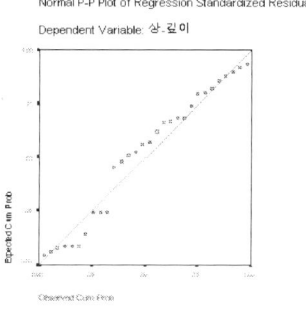

〈사례 B 깊이-상담자〉

· 저자 ·

김영란   · 약 력 ·
(金英蘭)   연세대학교 대학원 교육학 석사
　　　　　연세대학교 대학원 교육학 박사
　　　　　연세대학교 학생상담센터 상담원
　　　　　서강대학교 학생생활상담연구소 전임상담원
　　　　　대전대학교 교육대학원 대우교수
　　　　　현 한국상담심리학회 이사
　　　　　현 한국집단상담학회 이사
　　　　　현 서울불교대학원대학교 상담심리학과 교수

· 주요논저 ·
「상담단계별 상담자 공감과 내담자 체험 및 상담성과와의 관계」
「Rogers 및 Kohut가 정의하는 공감의 비교」
「교정상담에서의 공감의 중요성」
『상담전문가 11인의 만남과 치유』
외 다수

공감과 체험

· 초판 인쇄   2006년 11월 6일
· 초판 발행   2006년 11월 6일

· 지 은 이   김영란
· 펴 낸 이   채종준
· 펴 낸 곳   한국학술정보㈜
　　　　　　경기도 파주시 교하읍 문발리 526-2
　　　　　　파주출판문화정보산업단지
　　　　　　전화 031) 908-3181(대표) · 팩스 031) 908-3189
　　　　　　홈페이지 http://www.kstudy.com
　　　　　　e-mail(출판사업부) publish@kstudy.com
· 등   록   제일산-115호(2000. 6. 19)
· 가   격   23,000원

ISBN 89-534-5816-1 93370 (Paper Book)
　　　 89-534-5817-X 98370 (e-Book)